Mosaik

Michael Groos/
Klaus Träger

Bank und Börse
So legen Sie
Ihr Geld richtig an

Mosaik Verlag

Hinweis: Das Preisgefüge beim Thema Geldanlage ist einem steten Wandel unterzogen. Im vorliegenden Fall haben Verlag und Autoren größte Sorgfalt darauf verwandt, daß Zahlen- und anderes Datenmaterial dem Wissensstand bei Fertigstellung des Buches entsprechen. Eine Gewähr kann nicht gegeben werden. Interessierten Geldanlegern sei empfohlen, sich vor dem Ordern genau über die aktuellen Zahlen zu informieren. In diesem Zusammenhang sei auf den umfassenden Adressenteil im Anhang verwiesen.

Der Mosaik Verlag ist ein Unternehmen
der Verlagsgruppe Bertelsmann

© Mosaik Verlag GmbH / München 1990 / 5 4 3 2
Satz: Filmsatz Schröter GmbH, München
Druck und Bindung: Clausen & Bosse, Leck
Einbandgestaltung: S/BS München
ISBN 3-576-01326-1 · Printed in Germany

Inhalt

Vorwort

Die deutschen Kapitalanleger wissen nicht, wohin mit ihrem Geld. Eine gewaltige Summe steht zur Disposition: 2,805 Billionen Mark waren es Ende 1989 und jedes Jahr kommen bis zu zweihundert Milliarden Mark neu dazu, nunmehr auch noch die Ersparnisse aus der DDR, die gegenwärtig schätzungsweise 170 Milliarden Mark betragen.

Noch immer freilich schlummert der größte Teil des Geldes auf dem guten alten Sparkonto. In Sachen Geldanlage geben sich die sonst so fortschrittlichen Deutschen antiquiert wie Großvater Selig. Oft genug verschwinden die Spargroschen sogar noch unter Opas Kopfkissen oder in Omas Wäscheschrank. Jahr für Jahr verzichten Anleger freiwillig auf Rendite. Mehr noch: Sie nehmen blind in Kauf, daß sie auf dem Bestseller der Geldwirtschaft, dem Sparbuch, nach Steuern und Inflation womöglich sogar draufzahlen. Höchste Zeit also, daß sie ihr von Bequemlichkeit oder Unkenntnis geprägtes Sparverhalten ändern. Erste Anzeichen einer Besserung glauben die Analysten, zum Beispiel der DG Bank in Frankfurt, zu erkennen.

»Das gute alte Sparbuch lebt zwar noch, wahrscheinlich auch noch sehr lange«, so das Spitzeninstitut der Volks- und Raiffeisenbanken, aber ein »gesteigertes Zinsbewußtsein« sei unverkennbar. Es beschert der Anlage in Wertpapieren kontinuierliche Zuwachsraten. Anstatt ihre Spargroschen auf mager verzinsten Sparkonten zu verplempern, stecken die Deutschen sie jetzt schon mal in

australische oder norwegische Anleihen. Auch Dividendenwerte verkaufen sich – trotz Riesencrash im Oktober
1987 und spürbarem Kuwait-Nachbeben drei Jahre später
– besser als je zuvor. Sogar die neue Deutsche Terminbörse, kürzer DTB, kommt an.

Fest steht andererseits: Noch immer liegt der Anteil der
Aktie am Geldvermögen bei bescheidenen 6,6 Prozent.
Die Deutsche Terminbörse mit ihren sogenannten Calls
und Puts bringt auch ausgekochte Profis ins Grübeln. Und
an Währungsspekulationen haben sich selbst Bankiers
oder Industrieunternehmen schon kräftig verhoben. Achtung also, wenn's um Ihr Geld geht.

Der vorliegende Geld-Ratgeber kann Ihnen das allgemeine Anlagerisiko nicht völlig abnehmen. Aber er er-
leichtert Ihnen die Anlageentscheidung, ganz gleich ob Sie
nun 1000 Mark oder eine Million anzulegen haben. Auf
keinen Fall wollen wir Sie zum wilden Spekulieren verlei-
ten. Sicherheit muß sein. Aber es gibt viele Möglichkeiten, die Sicherheit des Sparbuchs mit den Chancen der
Aktie oder einer DTB-Option zu kombinieren. Zwischen
Opas Sparbuch und einer Bayer-Verkaufsoption liegen
zudem so viele andere Anlage-Offerten, daß eigentlich
keine Anleger-Wünsche offen bleiben sollten. Lesen Sie,
was Ihnen der bunte und profitable Geldanlage-Markt
alles zu bieten hat.

Wir wünschen Ihnen einen guten Riecher und das not-
wendige Quentchen Glück bei Ihrer persönlichen Geldanlage.

Michael Groos, Klaus Träger

Die Deutschen und ihr Geld

Wie und wofür sie sparen

Die Deutschen sind Spitze im Geldbehalten. »Reich wird man nicht von dem Geld, das man verdient, sondern von dem, das man nicht ausgibt«, postulierte bereits Henry Ford und kam auf diese Weise prompt zu einem ansehnlichen Vermögen. Die Sparer aus Germany eifern ihm nach und sparen, was das Zeug hält. Über die Jahre schwankt die Sparrate hierzulande zwischen 12 und 16 Prozent. Mit anderen Worten: Von jeder Mark des verfügbaren Einkommens werden 12 bis 16 Pfennig auf die hohe Kante gelegt. Dort liegen sie und bringen meist nur bescheidene Rendite. Denn Sicherheit geht dem Deutschen Michel vor Profit.

Er sucht und findet sie auf dem Sparbuch. Genaueres weiß beispielsweise der Bundesverband deutscher Banken. Seine Statistiker fanden heraus, daß 694 Milliarden Mark oder 25 Prozent des Geldvermögens auf Spareinlagen entfallen.

Dagegen lassen die Deutschen ihre Finger von Aktien. Hier ein paar alte VW-Volkspapiere, da ein paar Farbennachfolger – das war's dann meist. Nur 6,6 Prozent der Spargroschen stecken in Dividendenwerten. Pech für die Zauderer: Aktien erwiesen sich im vergangenen Jahrzehnt als das ganz große Geldvermehrungs-Geschäft.

Auch mit Gold, dem klassischen Krisen- und Antiinflationsmetall läuft wenig. Nach dem Abriß der Berliner

Geldvermögen 1989 auf 2805 Milliarden DM gewachsen

Jeder Bundesbürger besitzt im Durchschnitt 45 000 Mark

694 Mrd.	Sparbuch
592 Mrd.	Geldanlage bei Versicherungen
445 Mrd.	Festverzinsliche Wertpapiere
330 Mrd.	Sparbriefe, Festgelder
225 Mrd.	Sonstiges
213 Mrd.	Bargeld, Sichteinlagen
185 Mrd.	Aktien
121 Mrd.	Geldanlage bei Bausparkassen

2805 Mrd. DM

Bundesverband deutscher Banken.

Mauer, so berichten Sparkassen, zog zwar die Nachfrage nach Güldenem vorübergehend etwas an. Nicht wenige Deutsche fürchteten offensichtlich um den Wert und Bestand der Mark. Doch insgesamt zeigen die Germanen für Gold schon deshalb kein sonderliches Interesse, weil ihnen der Bundesfinanzminister beim Kauf von Maple Leaf oder Krügerrand noch eine Steuer von 14 Prozent draufpackt. Nur rund drei Prozent der über 14jährigen Bundesbürger setzen daher auf Edelmetall. Genausoviele haben zum Beispiel etwas für Investment-Anteile übrig.

Immerhin 16 Prozent des Geldvermögens parken die Bundesbürger in festverzinslichen Wertpapieren. Tendenz deutlich steigend, während das eingangs erwähnte Sparbuch langsam an Terrain verliert.

Und wofür legen wir uns so krumm? Eine mögliche Antwort hat beispielsweise der Informationsdienst für Bundeswertpapiere aus Frankfurt in großformatigen Anzeigen parat: »Niemand gibt so viel Geld für Reisen aus wie die Deutschen. Kein Weg ist ihnen zu weit.« Am oberen Rand der Anzeigen schlummern die traurigen Reste eines zerdepperten Sparschweins, dem offensichtlich ein Hammer den Garaus machte. Die Deutschen, so suggeriert der begleitende Text, haben es offensichtlich geplündert, um sich im Winterurlaub oder in der fernen Karibik zu verausgaben.

Nicht wenige Ersparnisse gehen daneben für Polo bis Porsche drauf. Wichtigster Grund für den Sparfleiß in deutschen Landen sind indessen nicht die fernen Länder oder die eigenen vier Räder, sondern die eigenen vier Wände. Das jedenfalls behauptet zum Beispiel die KKB Bank. Für den Erwerb von Wohnungen oder Häusern gaben die Deutschen 1989 demnach knapp ein Viertel mehr aus als fünf Jahre zuvor. Der Anteil der Haushalte, die im eigenen Haus oder in der eigenen Wohnung leben, stieg in den letzten Jahren von 36 auf 42 Prozent. Vier von fünf Bundesbürgern, so berichtet auch die Dresdner Bank, wollen in den eigenen vier Wänden wohnen: »Dahinter steht das tief in der menschlichen Natur verwurzelte Streben nach Sicherheit und Geborgenheit.«

Doch die Ersparnisse reichen dafür normalerweise nicht, den größten Teil ihres Immobilien-Traums müssen die Deutschen immer noch auf Pump realisieren. Im Schnitt wurden lediglich 25 Prozent der eigenen vier Wände aus Eigenmitteln finanziert. Deshalb standen die privaten Haushalte und Häuslebauer zuletzt mit rund 860 Milliarden Mark bei der heimischen Kreditwirtschaft in der Kreide. Insgesamt arbeitet ein Arbeitnehmer hierzulande mehr als neun Jahre seines Lebens für das Eigenheim.

Die sichere Anlage

Die deutschen Sparer sind gebrannte Kinder. Schon zweimal, nach dem Ersten und dem Zweiten Weltkrieg, büßten sie einen Großteil ihres Geldvermögens ein. Kein Wunder, daß sie in allen Geldangelegenheiten eine besondere Empfindlichkeit entwickelt haben. Der Sinn für das riskante Spielerische, wie er beispielsweise den Engländern oder Amerikanern eigen ist, geht den Preußen völlig ab. Deswegen keine Aktien und kein Bingo, dafür um so mehr Sparbuch und Sparbrief.

Die Geldhäuser stellen sich auf diesen Zug der Deutschen nur gar zu gerne ein und bieten ihnen jede Menge Sicherheit – gemäß dem Motto: je sicherer eine Geldanlage, desto weniger Rendite muß sie bringen. Doch die Konkurrenz schläft nicht. Der Einzelhandel etwa verkauft neben Unterhosen und Regenschirmen immer häufiger auch Geldanlagen. Dieses Geschäftsprinzip kupferten zum Beispiel Noris Bank, eine Quelle-Tochter, oder Service-Bank, eine Kaufhof-Tochter, in Amerika ab. Dort kennen es die Yankees unter der Bezeichnung »socks and stocks« (Strümpfe und Aktien).

Längst drängt auch ein weiterer Mitbewerber ins lukrative Geldgeschäft: der Bundesfinanzminister, der zudem weniger mit dem Rotstift rechnen muß als die knapper kalkulierende Geldwirtschaft.

Sparbuch

Rund drei Monatsgehälter, so predigen die Banken, gehören auf das Sparbuch mit gesetzlicher Kündigungsfrist. Tatsächlich reicht oft auch ein einziges Monatssalär. Besserverdienende können sogar ganz auf das Sparbuch verzichten.

Denken Sie stets daran: Die Banken wollen immer nur Ihr Bestes, nämlich Ihr Geld. Beim Sparbuch mit gesetzlicher Kündigungsfrist von drei Monaten kommen die Geldhäuser besonders günstig an Ihre Spargroschen heran. Denn sie zahlen Ihnen lediglich den sogenannten Spareckzins. Der lag lange Zeit bei ganzen zwei Prozent jährlich, zuletzt legten die großen Geldinstitute großzügig einen halben Prozentpunkt darauf.

Mitte 1990 kassierten Sie daher beim Gros der Geldhäuser einen Spareckzins von 2,5 Prozent im Jahr. Dagegen brummten Ihnen Sparkassen und Banken, wenn Sie zum Beispiel Ihr Girokonto (meist nur 0,5 Prozent Habenzins) überzogen, häufig zweistellige Sollzinsen auf.

Diese Art von Finanzmathematik ist, gelinde gesagt, eine Frechheit. Schon gar nicht wirft das Sparbuch mit gesetzlicher Kündigungsfrist Rendite ab. Ganz im Gegenteil! Denn nach Steuern bleiben Ihnen bei einem angenommenen Steuersatz von 40 Prozent vom ohnehin schon knappen Spareckzins gerade noch 1,5 Prozent übrig. Und daran nagt dann noch die Inflation. Derzeit beträgt die jährliche Geldentwertung, Tendenz eher steigend, beinahe drei Prozent. Tatsächlich werden nicht wenige Sparer deshalb auf dem Sparbuch mit gesetzlicher Kündigungsfrist von Jahr zu Jahr ärmer. Da nützt es auch wenig, wenn Sie sich regelmäßig zum Jahresanfang Ihre Zinsen gutschreiben lassen. Die stehen Ihnen übrigens auch ohne besondere Gutschrift zu.

Das Sparbuch mit gesetzlicher Kündigungsfrist ist also eher ein Zuschußgeschäft. Dazu kommt: Sie können zwar jederzeit über die Zinsen verfügen. Mehr als 2000 Mark monatliche Abhebungen sind aber nicht drin. Clevere Anleger tricksen allerdings: Sie halten sich einfach mehrere Sparbücher bzw. legen sich ein Post-Sparbuch zu. Mit dem können sie praktisch in ganz Europa Kasse machen, sogar an Samstagen. Keineswegs dürfen Sie jedoch Schecks auf das Sparbuch ausstellen, auch Überweisungen nehmen Ihnen die Geldhäuser übel. Wenn Sie mehr abheben, als die Banken und Sparkassen erlauben, zahlen Sie zudem drastische Strafzinsen. Die Geldhäuser sprechen – feiner – von Vorschußzinsen.

Sogenannte vereinbarte Kündigungsfristen können aus dem Zuschußgeschäft eine bescheiden rentable Geldanlage machen. Denn je länger Sie der Geldwirtschaft Ihre Spargroschen zur Verfügung stellen, desto höher fällt der Zins aus. Sparbücher mit einer Kündigungsfrist beispielsweise von vier Jahren brachten im Frühjahr 1990 etwa bei der Dresdner Bank einen Zins von 4,5 Prozent. Nicht viel, aber doch mehr als auf einem Sparbuch mit gesetzlicher Kündigungsfrist!

Beachten Sie: Auf dem Sparbuch gibt es selten feste Zinsen. Die Rendite schwankt vielmehr mit dem allgemeinen Zinsniveau. Wenn Sie Pech haben, werden Ihnen also auch noch die schmalen 4,5 Prozent gekürzt. Über das Angesparte darf der Sparer frühestens nach Ablauf der vereinbarten Frist verfügen. Zudem muß er eine Kündigungssperre von sechs Monaten einhalten. Im besten Fall kommen sie also bei vierjähriger Kündigung nach viereinhalb Jahren wieder an Ihr Geld. Für jede neue Einzahlung beginnt die Frist wieder von vorne.

Eine andere Möglichkeit, die Rendite des Sparbuchs mit gesetzlicher Kündigungsfrist aufzupäppeln: Finden Sie die richtige Bank. Achten Sie auf Aushänge. Die Institute sind verpflichtet, dem Kunden gut lesbar zu zeigen, was sie jeweils an Zinsen zu bieten haben. Großbanken, Volks- und Raiffeisenbanken sowie die Sparkassen sind sich in aller Regel einig, ihre Zinssätze weichen nur minimal voneinander ab. Ein paar Außenseiter geben sich jedoch erheblich großzügiger: Wer mit spitzem Bleistift rechnet, kann seine jährliche Zinsgutschrift auf dem Sparbuch mit gesetzlicher Kündigungsfrist deutlich erhöhen. Beispiel Norddeutsche Hypotheken- und Wechselbank in Hamburg, eine Tochter der Dresdner Bank: Im Frühjahr 1990 gab es an der Waterkant für Beträge ab 5000 Mark einen Spareckzins von fünf Prozent. Das waren 100 Prozent mehr als beim Mutterhaus. Immer noch vier Prozent zahlte beispielsweise die Anker-Bank in Koblenz. Die Noris Bank schrieb wenigstens noch 3,5 Prozent gut.

Studieren Sie deshalb regelmäßig den Wirtschaftsteil Ihrer Tageszeitung. Dort finden Sie immer wieder Hinweise auf Banken, die bessere Zinsen zahlen als das Gros der Geldhäuser. Scheuen Sie sich auch nicht, gegebenenfalls die Hausbank zu wechseln. Es geht schließlich um Ihr Geld.

Sparbrief

Die Steigerung von Sparbuch heißt Sparbrief. Das ist, wie
»Capital« einmal definierte, die Vorstufe zur Anleihe. Der
wichtigste Unterschied: Anleihen werden an der Börse
gehandelt. Sie können sich also jederzeit wieder davon
trennen. Nicht so beim Sparbrief, bei ihm darf der Anleger
in aller Regel erst am Ende der Laufzeit wieder über seine
Spargroschen verfügen. Das bringt freilich auch Vorteile
mit sich: Was nicht an der Börse notiert, unterliegt auch
keinen Kursschwankungen. Kurseinbußen wie beispielsweise bei Bundesanleihen brauchen Sie also nicht zu
fürchten.
Merke: Wenn Sie Ihr Geld längerfristig und sicher anlegen wollen, führt kein Weg am Sparbrief vorbei. Wiederum können Sie die meisten Offerten der Sparkassen,
der Groß- und Volksbanken getrost vergessen. Spitze sind
im Sparbriefgeschäft einige Spezialhäuser, deren Namen
und Offerten Sie in der nachfolgenden Tabelle finden
(S. 18). Die Konditionen können sich naturgemäß ändern,
die günstigsten Banken sind aber fast immer dieselben,
wobei die Tabelle keinen Anspruch auf Vollständigkeit
erhebt.
Alle genannten Adressen gehören den Einlagensicherungsfonds der Banken – populärer Feuerwehrfonds – an.
Dieses bereits 1976 geknüpfte Sicherheitsnetz garantiert
die Sicherheit Ihrer Einlagen. Konkret: Der Fonds steht
bis zu einer Höhe von 30 Prozent des haftenden Eigenka-
pitals der jeweiligen Bank für Ihre Spargroschen gerade.
Beträgt das Eigenkapital zum Beispiel zehn Millionen
Mark, sichert die Bankenfeuerwehr – pro Sparer – drei
Millionen Mark ab. Sparkassen sowie Volks- und Raiff-

eisenbanken haben übrigens ihre eigenen Einlagensicherungsfonds. Wer wissen will, ob eine Bank dem Feuerwehrfonds angeschlossen ist, ruft den Bundesverband deutscher Banken in Köln an.

Der übliche Sparbrief ist der mit festem Zins und jährlicher Zinsauszahlung. Auch halbjährliche Zinszahlungen kommen vor. Der Nennbetrag beträgt in der Regel 100 Mark oder ein Mehrfaches davon. Die Laufzeiten liegen meist zwischen zwei und zehn Jahren.

Ein paar Beispiele: Während die Dresdner Bank auf dem Sparbuch mit vereinbarter Kündigungsfrist von vier Jahren im Frühjahr 1990 gerade 4,5 Prozent Zins zahlte, schrieb die KKB Bank auf ihre vierjährigen Sparbriefe den Supersatz von acht Prozent gut. Die Acht vor dem Komma boten gleichzeitig auch das Bankhaus Fischer in Hamburg oder die CTB-Bank in Essen, wobei die Essener die Super-Acht sogar schon bei zwei Jahren Laufzeit herausrückten und bei vier Jahren 8,25 Prozent vergüteten.

Immer mehr in Mode kommen die sogenannten abgezinsten Sparbriefe. Bei dieser Form zahlen Sie erheblich weniger als den Nennwert ein, um eben diesen Nennwert am Ende der Laufzeit zurückzuerhalten. Zinsen sehen Sie während der Laufzeit nicht, die Rendite ergibt sich aus der Differenz zwischen Kauf- und Rückzahlungspreis. Wichtigstes Plus der Abgezinsten: Die Sparer brauchen sich um die Wiederanlage ihrer Zinsen nicht zu kümmern. Die Wiederanlage erfolgt automatisch.

Beispiel: Wenn Sie im April 1990 728,30 Mark bei der CTB-Bank einzahlten, erhalten Sie beim vierjährigen abgezinsten Sparbrief nach 48 Monaten 1000 Mark zurück. Die nach einer etwas komplizierten mathematischen Formel errechnete Rendite beträgt unter Berücksichtigung von Zins und Zinseszins 8,25 Prozent.

Nicht viel anders funktioniert der aufgezinste Sparbrief. Bei ihm zahlten Sie im April 1990 1000 Mark ein und kassieren nach vier Jahren mit Zins und Zinseszins 1373,10 Mark. Auch in diesem Beispiel beträgt die Rendite 8,25 Prozent.

Sparbriefe

Bank	Anlagedauer in Jahren (Anlagebetrag ab 10000 DM)				
	2	4	5	6	
Anker-Bank, Koblenz	8,15	8,50	8,50	8,50	
Aachener Bauspark.	7,50	8,00	8,00	–	
Augsburger Aktienb.	–	7,75	7,5	7,5	
CTB-Bank	8,00	8,25	8,25	–	Z
DSK-Bank, D'dorf	7,50	8,00	–	8,00	i
Bankhaus Fischer	7,25	8,00	8,00	8,25	n
KKB-Bank	7,50	8,25	8,25	7,00	s
Kreiss Bank	8,00	8,00	–	–	e
Löbbecke & Co.	–	–	–	–	n
Noris Bank	7,25	8,50	8,00	8,00	i
Pacific Bank	7,00	7,40	7,50	7,50	n
Summa, D'dorf	–	–	–	–	P
Service-Bank, Köln	–	8,25	8,00	7,75	r
Volksbank Essen	8,00	7,25	7,25	7,25	o
Wölbern, Hamburg	–	–	–	–	z
Wüstenrot Bausp.	7,50	8,00	8,00	–	e n t

Stand: Mitte 1990

Kaufpreis und Zinsertrag von Sparbriefen

Laufzeit	Zinssatz p. a.	Typ A — jährl. Zinsauszahlung			Typ B — Abzinsung —			Typ C — Aufzinsung —		
		Kaufpreis Sparbrief Typ A	Zins-ertrag *)	Rück-zahlungs-betrag	Kaufpreis Sparbrief Typ B	Zins-ertrag **)	Rück-zahlungs-betrag	Kaufpreis Sparbrief Typ C	Zins-ertrag ***)	Rück-zahlungs-betrag
2 Jahre	8,00%	–	–	–	857,30	142,70	1000,–	1000,–	166,40	1166,40
4 Jahre	8,25%	1000,–	330,–	1000,–	728,30	271,70	1000,–	1000,–	373,10	1373,10
5 Jahre	8,25%	1000,–	412,50	1000,–	672,80	327,20	1000,–	1000,–	486,40	1486,40
7 Jahre	8,00%	1000,–	560,–	1000,–	583,50	416,50	1000,–	1000,–	713,80	1713,80
10 Jahre	8,00%	1000,–	800,–	1000,–	463,20	536,80	1000,–	1000,–	1158,90	2158,90

*) Sparbrief Typ A: Zinsen werden jährlich ausgezahlt. Zinseszinsen sind daher unberücksichtigt geblieben.
**) Sparbrief Typ B: Zinsen und Zinseszinsen werden im voraus vom Rückzahlungsbetrag abgezogen.
***) Sparbrief Typ C: Zinsen werden angesammelt und mit Zinseszinsen am Ende der Laufzeit ausgezahlt.

Quelle: CTB-Bank 27. 3. 1990

Großer Beliebtheit erfreuen sich zudem Sparbriefe mit wachsendem Zins. Der Zins klettert also von Jahr zu Jahr, der Sparer kann zudem vorzeitig aussteigen. Eben um das zu verhindern, klettert die Rendite. Der Sparer soll bei der Stange gehalten werden.

Wer Geld braucht und nicht vorzeitig aussteigen kann, macht von der Möglichkeit Gebrauch, Sparbriefe zu beleihen. Die Geldhäuser kommen ihm dabei durchweg entgegen und beleihen – wie beim Sparbuch – bis zu 100 Prozent.

Sparplan

Wem die Sparbrief-Laufzeit von bis zu zehn Jahren immer noch nicht ausreicht, der kann sein Geld auch in einen Sparplan einbringen. Diese extrem langfristige Anlageform boxte mit viel PR Mitte der achtziger Jahre die Deutsche Bank in den Markt. Die Laufzeit des Deutsche-Bank-Sparplans liegt zwischen vier und 25 Jahren. Der Anleger kann wählen: Entweder er zahlt mit einem Schlag mindestens 10 000 Mark ein oder er legt monatlich mindestens 100 Mark auf die hohe Kante, die Monatsraten sollten sich am Ende der Laufzeit auf ebenfalls mindestens 10 000 Mark, das sogenannte Sparziel, addieren. Es gibt auch dynamisierte Sparpläne mit allmählich steigenden Raten. Darüber hinaus bieten die Geldhäuser Sparpläne mit Versicherungsschutz an: Eine zusätzlich zu bedienende Police sichert das Sparziel ab. Längst hat das übrige Geldgewerbe inzwischen den Sparplan des Branchenprimus abgekupfert und bietet ähnliches: Sparkassen ebenso wie Volks- und Raiffeisenbanken oder die KKB.

Wie das Sparbuch ist auch der Sparplan zuallererst ein Geschäft für die Anbieter. Wiederum werden die Sparer mit einem Mini-Zins abgefertigt. Der ist variabel und betrug im Frühjahr 1990 zum Beispiel bei der Deutschen Bank für den Plan mit elf Jahren Laufzeit gerade mal eben 5,5 Prozent. Die KKB, bei deren sogenannten Vorsorgeplänen einmalig mindestens 1000 Mark oder bei monatlicher Ratenzahlung mindestens 50 Mark berappt werden müssen, vergütete bei Laufzeiten zwischen acht und zwölf Jahren wenigstens sechs Prozent. Damit das Ganze optisch ein bißchen besser aussieht, packen die Institute am Ende der Laufzeit auf das Angesparte noch einen Bonus drauf, der bei der KKB zwischen zwei und zehn Prozent schwankt, bei der Konkurrenz je nach Laufzeit aber auch schon einmal deutlich höher liegt. Doch bleibt der Bonus Augenwischerei: Bei der KKB addierte sich die Rendite trotz Zuschlag im besten Fall auf 6,3 Prozent, bei der Deutschen Bank bei 25 Jahren Laufzeit auf 6,41 Prozent.

Was in absoluten Zahlen für den Anleger herausspringt, belegt ein Beispiel der Deutschen Bank. Es wird eine Laufzeit des Sparplans von elf Jahren unterstellt. Der Anleger beginnt mit einer monatlichen Sparrate von 120 Mark, die im Abstand von einem Jahr um jeweils zehn Prozent steigt, am Ende der Vertragsdauer erhält er auf sein eingezahltes Kapital einen Bonus von vier Prozent. Insgesamt belaufen sich die Einzahlungen auf 26685 Mark, das Guthaben beträgt am Ende bei einem Zins von 5,5 Prozent mit Zinseszins und Bonus rund 35700 Mark.

Wenn Sie vor dem Ende der Laufzeit aussteigen wollen, werden Sie bei den meisten Sparplänen Ärger bekommen. Die wenigsten Bankiers haben es gern, wenn die Anleger ihre Spargroschen vorzeitig abziehen wollen. Zumindest werden sie Ihnen Strafzinsen aufzubrummen versuchen. In diesem Punkt unterscheiden sich die Sparpläne zum Beispiel von den Anlageplänen der Investment-Branche. Bei denen nämlich können Sie Ihren angesammelten Anteilbestand jederzeit problemlos wieder versilbern. Außerdem erzielen Sie auf längere Sicht mit Investment-Zertifikaten meist bessere Rendite. Warum dann aber einen Sparplan abschließen?

Termingeld

Der neueste Trend beim deutschen Sparer: kürzerfristige, aber hochrentable Anlagen. »Das Interesse der privaten Geldanleger an kurzfristigen Geldanlagen steigt«, heißt es in einer Studie der Deutschen Kapitalanlagegesellschaft in Frankfurt. Knapper formuliert es ein Anlageberater eines im Termingeld-Geschäft besonders rührigen Geldhauses: »Die rennen uns manchmal richtig die Bude ein.«

Das ist kein Wunder. Denn das Sparbuch booten die Termin- und Festgelder allemal aus. Manche Profis und solche, die sich dafür halten, neigen zwar dazu, die Festgeldanlage mitleidig zu belächeln, tatsächlich gibt es jedoch, außer Tagesgeld, keine quickere Form der sicheren Geldvermehrung. Und die Zinsen können sich sehen lassen. Wiederum liegen die bereits bei der Sparbrief-Anlage genannten Banken bei den Zinsen vorne.

Die Mindestanlage beträgt gemeinhin zwischen 5000 und 10000 Mark. Je mehr Sie erübrigen können, desto mehr schreiben Ihnen die Banken gut. Die Laufzeiten liegen zwischen 30 und 360 Tagen. Ganz besonders feine Sätze

zahlt leider nur bei höheren Beträgen das Bankhaus Löb-
becke & Co. in Berlin. Im Frühjahr 1990 gab's an der Spree
bei einer Anlage von 20000 Mark auf drei Monate stolze
sieben Prozent Zinsen. Wer 50000 Mark auf ein Jahr fest-
legte, erzielte gar satte acht Prozent Rendite. Ganz stark
ist der Schweizerische Bankverein in Frankfurt im Geschäft. Die Helvetier umwerben freilich ausschließlich die
betuchtere Klientel. Am liebsten mögen sie Anlagebeträge

Festgeld

Bank	Anlagedauer in Tagen (Anlagebetrag ab 10000 DM)			
	30	90	180	360
Anker-Bank, Koblenz	–	6,25	6,25	8,00
Aachener Bauspark.	–	6,50	6,75	7,50
Augsburger Aktienb.	6,0	6,75	6,85	7,0
CTB-Bank	6,75	6,75	7,50	7,50
DSK-Bank	–	6,75	6,75	6,75
Bankhaus Fischer	6,00	6,50	6,50	8,00
KKB-Bank	5,75	6,25	–	–
Kreiss	6,75	7,25	7,25	7,75
Löbbecke & Co.	–	–	–	–
Noris Bank	6,00	6,25	6,50	6,50
Pacific Bank	6,25	6,50	6,75	7,00
Summa, D'dorf	6,75	7,25	7,50	7,75
Service-Bank, Köln	6,25	6,75	7,00	7,00
Volksbank Essen	6,50	6,75	6,75	7,00
Wölbern, Hamburg	7,0	7,125	7,5	7,75
Wüstenrot Bausp.	5,25	5,75	6,25	7,25

Zinsen in Prozent

Stand: Mitte 1990

ab 100 000 Mark. Darauf erzielen Sie dann aber auch Supersätze, die im Frühjahr 1990 bei Jahresgeld deutlich über acht Prozent kletterten. Wer nochmals 100 000 Mark drauflegen konnte, machte sogar rund 8,5 Prozent Rendite gut. Auf drei Monate strichen die Kunden der Schweizer immerhin 7,6 Prozent Profit ein (wohlgemerkt ab 200 000 Mark).

Clevere Anleger nutzen den Jahreswechsel. Denn zum Jahresultimo geben sich die meisten Geldhäuser entgegenkommender. Und auf jeden Fall: Feilschen Sie mit Ihrer Bank beim Festgeldzins um jede Stelle hinter dem Komma.

Wem die übliche Termingeldanlage zu lange dauert, der kann seine Spargroschen täglich kündbar anlegen. Das heißt dann Tagesgeld. Den Vogel schießen wiederum die Gutbetuchten ab. Ihnen verzinste der Schweizerische Bankverein 100 000 Mark Anfang 1990 mit 6,25 Prozent. Ebenso die Südwestdeutsche Landesbank in Stuttgart. Sie lockt bei Anlagebeträgen zwischen 50 000 und 100 000 Mark mit ähnlichen Sätzen wie die Schweizer. Schon mit einer Mindestanlage von 20 000 Mark gibt sich das Bankhaus Wölbern & Co. in Hamburg auf seinem »Löwenkonto« zufrieden. Das ist ein absolut gebührenfreies Konto für Tagesgeld zu gleichfalls ansehnlichen Sätzen. Im April verzinsten die dem Feuerwehrfonds angeschlossenen Bankiers von der Waterkant Tagesgeld immerhin mit glatten sechs Prozent. Ordentliche Zinsen für Tagesgeld bieten nicht zuletzt einige Kreditkarten-Unternehmen. Überhaupt keine Mindestanlagevorschriften kennt die Anker-Bank in Koblenz. Ihr Geldspeicherkonto, eine Art Girokonto, das tägliches Abheben erlaubt, warf zuletzt eine Rendite von drei Prozent ab.

Um Mißverständnissen vorzubeugen: Der jeweilige Zins für Termingelder ist immer ein Jahreszins. Wenn eine Bank Ihnen also für drei Monate sechs Prozent bietet, vereinnahmen Sie tatsächlich nur 1,5 Prozent – den vierten Teil von sechs Prozent.

Daueremissionen des Bundes

Ob Löcher im Westen oder Osten zu stopfen sind – ob Schwarze, Rote, Gelbe oder Grüne regieren –, immer wird nach einem altbewährten Muster finanziert: Der jeweils amtierende Finanzminister gibt neue Bundeswertpapiere aus, macht also einfach zusätzliche Schulden. Und so kommt es, daß die Zeichner neuer Bundesbonds mit dem Kaufpreis zu einem nicht unwesentlichen Teil die Zinsen der bereits umlaufenden Staatspapiere finanzieren.

Damit dieses Schneeballsystem funktioniert, sind die Wertpapiere des Bundes zu jeder Zeit mit attraktiven Zinssätzen ausgestattet, die der zahlreichen Konkurrenz aus deutschen Geldhäusern fast immer Paroli bieten können.

Zwei Arten von Bundeswertpapieren müssen Privatanleger unterscheiden: die Anleihen des Bundes, dazu zählen auch die Anleihen von Bahn und Post, und die sogenannten Daueremissionen, darunter fallen die Finanzierungsschätze des Bundes, die beiden Bundesschatzbriefe vom Typ A und B sowie Bundesobligationen.

Die rege Nachfrage der Deutschen nach den Daueremissionen des Bundes hat zwei Ursachen: Die Papiere bieten neben guten Renditen auch überschaubare Laufzeiten. Es gibt mit Ausnahme der Bundesobligation kein Kursrisiko. Wer sich dagegen zehnjährige Bundesanleihen mit nicht einmal sechs Prozent Zins aufschwatzen läßt, erlebt bei steigenden Geldkosten böse Überraschungen. In Hochzins-Zeiten notieren solche Niedrigverzinslichen schnell unter 80 Prozent ihres ursprünglichen Ausgabepreises. Der liegt meist bei 100 Prozent.

Finanzierungsschätze

Seit 1975 legt der Finanzminister jeden Monat neue Finanzierungsschätze auf, die er 12 oder 24 Monate später wieder zurückzahlt. Schon mit 1000 Mark Nennwert sind Sie beim Finanzierungsschatz dabei. Höhere Anlagebeträge müssen durch 1000 Mark teilbar sein; mehr als 500 000 Mark pro Person und Geschäftstag nimmt die Steuerkasse nicht entgegen.

Für die »kurz & gut«-Anlage – so die Werbung – zahlt der Sparer zunächst weniger ein, als er zurückerhält. Die Zinsen werden für die Zeit vom Erwerb bis zum Fälligkeitstag im voraus vom Nennwert abgezogen. Die Differenz aus Nennwert und Erwerbspreis entspricht dem Verkaufszinssatz, den das Finanzministerium passend zur allgemeinen Zinssituation festlegt. Gewährt der Bund zum Beispiel acht Prozent für den einjährigen Schatz, sind das pro 1000 Mark genau 80 Mark. Der Anleger zahlt also nur 920 Mark ein, was die Rendite über den Verkaufszins hebt. 80 Mark Zinsen, bezogen auf den Einsatz von 920 Mark, bedeuten immerhin 8,7 Prozent Rendite für ein Jahr.

Achtung: Die Schätze des Bundes lassen sich nicht über die Börse verkaufen. Gerät der Besitzer in eine Notlage, muß er sich selbst Interessenten suchen und mit ihnen Verkaufspreise aushandeln. Um dieses lästige Verfahren zu vermeiden, sollten potentielle Käufer sicher sein, daß sie ihr Geld während der Laufzeit nicht wiedersehen wollen. Damit das nicht zu schwer fällt, ist die Laufzeit der Finanzierungsschätze so angenehm kurz.

Bundesschatzbriefe

Bestechende Vorteile der zweiten Bonner Zins-Variante: Die Anleger können Bundesschatzbriefe schon nach einem Jahr wieder verkaufen, die Stückelung kommt kleineren Brieftaschen sehr gelegen, es gibt kein Kursrisiko, und die Rendite ist ordentlich.

Zwei Typen sind zu unterscheiden: Der Bundesschatzbrief Typ A mit einer Laufzeit von sechs Jahren und der Bundesschatzbrief Typ B mit einer Laufzeit von sieben Jahren. Beim Typ A werden die Zinsen jährlich ausgezahlt, beim Typ B dagegen Jahr für Jahr angesammelt und am Ende der Laufzeit auf einen Schlag gutgeschrieben.

Der Anleger zahlt beispielsweise 1000 Mark ein und erhält nach sieben Jahren 1662 Mark. Der Mindestanlagebetrag ist beim Typ A 100 Mark, beim Typ B reichen sogar schon 50 Mark. Damit die Anleger möglichst lange bei der Stange bleiben, lockt der Bundesfinanzminister mit jährlich steigenden Zinsen.

Nach Ablauf der einjährigen Sperrfrist darf der Kunde monatlich bis zu 10 000 Mark nominal versilbern, beim Bundesschatzbrief B plus aufgelaufener Zinsen.

Vorzeitig verkaufte Bundesschatzbriefe sollten eigentlich an den Bundesfinanzminister zurückgegeben werden. Zumindest für solche aus Hochzinsjahren gibt es aber einen grauen Markt. Fragen Sie Ihren Anlageberater deshalb gelegentlich nach hochverzinslichen Rückläufern.

Bundesobligationen

Zur beliebtesten Bonner Schuldenware avancierten in den letzten Jahren Bundesobligationen – wegen ihrer überschaubaren Laufzeit von nur fünf Jahren.

Die gefragten Papiere führen ein Doppelleben. In der Anfangsphase stehen Zins, Ausgabekurs und damit auch die Rendite fest. Den Ausgabekurs adjustiert das Finanzministerium allerdings anschließend häufiger, um die Rendite an kleinere Schwankungen am Kapitalmarkt anzupassen. Sämtliche Kreditinstitute erfahren die neuen Konditionen einen Tag im voraus. Fallen die Renditen, informieren clevere Anlageberater sofort ihre Klienten. Die Zeit reicht dann meist noch zum schnellen Kauf zu den alten, besseren Konditionen.

Eine neue Serie mit anderem Nominalzins und Fälligkeitstermin wird erst dann aufgelegt, wenn die Stimmung am Rentenmarkt den Übergang zu einem höheren oder tieferen Nominalzins erfordert. Während die Banken dann die neue Ausgabe zum Ersterwerb anbieten, wird die ausrangierte an der Börse eingeführt. Dort entscheiden Angebot und Nachfrage über den Kurs; die zweite Phase beginnt.

Fast 50 Bundesobligationen mit Restlaufzeiten zwischen einem Monat und viereinhalb Jahren reizen zur mittelfristigen Anlage brachliegender Spargroschen.

Was sie beachten sollten

<u>Gebühren</u>

Beim Erwerb neuer Bundeswertpapiere fallen keine Gebühren an. Auch bei Laufzeitende darf keine Bank zulangen. Die vorzeitige Rückgabe von Schatzbriefen oder der

Verkauf von Obligationen kostet meist 0,5 Prozent Bankprovision. Beim Kauf und Verkauf börsennotierter Bundesobligationen zahlt der Anleger neben der Bankenprovision die gestaffelte Maklergebühr.
Für die Verwahrung erheben Kreditinstitute zudem jährliche Depotgebühren. Diese Kosten sparen Anleger, die ihre Papiere der Bundesschuldenverwaltung in Bad Homburg oder im Falle der Finanzierungsschätze den Landeszentralbanken anvertrauen. Die Homburger sind nicht nur preiswerter als Banken, sie bieten auch ein gesetzlich verankertes Schuldbuchgeheimnis.

Steuern
Bis zu 53 Prozent der Zinsen auf Bundespapiere holt sich der Finanzminister zurück. Der Spitzensteuersatz kommt zwar selten vor, doch grundsätzlich zählen sämtliche Erträge zu den Einkünften aus Kapitalvermögen. Besitzer von Obligationen und Schatzbriefen vom Typ A müssen jährlich ehrlich sein. Beim Bundesschatzbrief vom Typ B holt sich der Fiskus dagegen seinen Anteil erst im Jahr der Fälligkeit – oder beim vorzeitigen Verkauf. Bei den einjährigen Finanzierungsschätzen gehört die Differenz zwischen Erwerbspreis und Einlösungsbetrag im Jahr der Fälligkeit in die Steuererklärung. Beim zweijährigen Schatz fließt das Geld erst nach zwei Jahren zurück und ist dann auch zu deklarieren.

So disponieren Sie richtig
Ratsuchende müssen schon nachhaken. Die Zinsen des eigenen Hauses kennen Bankberater natürlich in- und auswendig. Die Konditionen der Bundespapiere dagegen müssen sie oft erst aus der Schublade holen. Außerdem:

Jedem Bankier sind Sparbuch- und Termingeldeinlagen lieber als Spargroschen, die nach Bonn abfließen.

Für die Anlage in Bundestiteln sprechen bisweilen Zinsvorteile, häufiger aber die guten Qualitäten des Schuldners. Zwar wächst auch der Schuldenberg am Rhein und an der Spree, international steht die Bundesrepublik jedoch relativ gut da. Vorsichtige Sparer vertrauen daher eher der Bundeskasse ihr Geld an als unsicheren Firmen oder Ländern wie Brasilien oder Argentinien.

Die Daueremissionen des Bundes im Test

Finanzierungsschätze

Nennwert	1000 DM
Renditen	siehe Tagespresse*
Zinszahlung	Abzinsung
Laufzeit	1 Jahr
	2 Jahre
Rückzahlung	zum Nennwert
Verkauf oder vorzeitige Rückgabe	nicht möglich

Kosten und Gebühren

Erwerb bei Emission	gebührenfrei
Einlösung bei Fälligkeit	gebührenfrei

Verwaltungskosten

Kreditinstitute	Depotgebühren
Landeszentralbanken	gebührenfrei
Börsenumsatzsteuer	entfällt

Empfehlung

Während Banken für Beträge unter 10000 Mark nur Minizinsen bieten, nimmt der Bund schon Tausender zu

---

* Oder Ansagedienst Tel. 069/638091

ansehnlichen Sätzen. Kleine Anlagebeträge, die Sparer nur kurzfristig parken wollen, sind in den Schätzen daher gut aufgehoben. Besonders im fallenden Zinstrend locken Bonns Beamte länger als die Geldhäuser mit Toprenditen: Das Finanzministerium paßt die Zinsen später nach unten an als die schnell reagierenden Bankenvorstände, die mit jedem Pfennig rechnen.

Bundesschatzbriefe

Nennwert	Typ A: 100 DM
	Typ B: 50 DM
Renditen	Typ A, Typ B: siehe Tages-
	presse*
Zinszahlung	Typ A: jährlich
	Typ B: Zinsansammlung
Laufzeit	Typ A: 6 Jahre
	Typ B: 7 Jahre
Rückzahlung	Typ A: zum Nennwert
	Typ B: zum Rückzahlungswert
	(= Nennwert + Zinsen)
Verkauf oder vorzeitige	nach dem 1. Jahr monatlich
Rückgabe	10 000 DM möglich

Kosten und Gebühren
Erwerb bei Emission	gebührenfrei
Einlösung bei Fälligkeit	gebührenfrei

Verwaltungskosten
Kreditinstitute	Depotgebühren
Bundesschuldenverwaltung	gebührenfrei
Börsenumsatzsteuer	entfällt

Empfehlung
Die Schatzbriefe sind in Phasen niedriger Zinsen ideal. Sobald am Rentenmarkt die Renditen wieder aufwärts tendieren, überraschen börsennotierte Anleihen mit

---

* Oder Ansagedienst Tel. 069/638091

Kursverlusten. Die Schätze aber haben kein Kursrisiko, der Besitzer kann nach einem Jahr seinen Einsatz jederzeit zurückverlangen. Der zinssammelnde Typ B reizt, wenn ein klares Sparziel vorhanden ist. Schon manches Auto wurde nach sieben Jahren aus dem Verkaufserlös dieses Typs finanziert.

Bundesobligationen

Nennwert	100 DM
Renditen	siehe Tagespresse*
Zinszahlung	jährlich
Laufzeit	5 Jahre
Rückzahlung	zum Nennwert
Verkauf oder vorzeitige Rückgabe	nach Börseneinführung täglicher Verkauf möglich
Kosten und Gebühren	
Erwerb bei Emission	gebührenfrei
Einlösung bei Fälligkeit	gebührenfrei bei Landeszentralbanken und Bundesschuldenverwaltung
Verwaltungskosten	
Kreditinstitute	Depotgebühren
Bundesschuldenverwaltung	gebührenfrei
Börsenumsatzsteuer	entfällt

Empfehlung

Die bisher ausgegebenen Bundesobligationen verzinst der Staat zwischen 5 und 8,75 Prozent. Besonders in Hochzinsphasen lohnen diese Papiere, da sie dem Inhaber die happigen Kupons fünf Jahre erhalten. Fallen während der Laufzeit die Kapitalmarktzinsen zurück, bieten die Fünfjährigen reichen Ertrag und zusätzliche Kursgewinne. Wer dagegen unter acht Prozent Nominalzinsen zugreift, dem drohen beim nächsten Renditeanstieg Kursverluste.

* Oder Ansagedienst Tel. 069/63 80 91

Anleihen

Von anderen Zinsanlagen unterscheiden sich Anleihen vor allem in einem Punkt: Sie werden an der Börse gehandelt. Das bedeutet neben hohen Zinsen auch die Chance auf Kursgewinne.

Vielleicht erinnern Sie sich: Die sechsprozentige Bundesanleihe 1978 II, die noch bis 1993 läuft, kletterte seit Herbst 1981 im Kurs von rund 75 Prozent auf beinahe 100 Prozent bis Ende 1985. Das waren 33 Prozent Kursgewinn. Dazu kamen die jährlichen Zinseinnahmen.

Solche stolzen Gewinne sind bald wieder zu erwarten. Das liegt nicht zuletzt am übertrieben hohen Realzins hierzulande, also der Differenz zwischen dem Zinssatz langfristiger Anleihen (neun bis zehn Prozent) und der Teuerungsrate (drei Prozent). Dieser Realzins von etwa sechs Prozent hat Spielraum nach unten. Es sei denn, die Inflationsrate würde wegen steigender Ölpreise wieder deutlich anziehen.

Was Anleihen bieten

Zinsen und Kurse

Wer ruhig schlafen will, kauft Anleihen; wer gut essen will, erwirbt Aktien, besagt eine alte Börsenregel. Doch ist sie längst nicht mehr der Weisheit letzter Schluß. Mit der Ruhe war es jedenfalls für Anleihebesitzer vorbei, als im November 1989 die Berliner Mauer fiel: Die Zinsen schnellten in die Höhe. An der Börse purzelten die Preise für Anleihen teilweise um 30 Prozent.

Nur wer bis zur Rückzahlung seiner Anleihe warten kann, den lassen solche Kurskapriolen kalt. Geduldige bekommen bei der Tilgung nämlich ihr Geld immer zu 100 Prozent zurück. In der Zwischenzeit allerdings führen die börsennotierten Papiere ein Eigenleben. Ihre Kurse schwanken um so kräftiger, je stärker sich die Renditen im Lauf der Jahre ändern.

Die sechsprozentige Anleihe der Bundesrepublik Deutschland von 1986 zum Beispiel brachte Anfang 1990 eine Rendite von 8 Prozent; 1986 verzinste sie sich dagegen mit müden sechs Prozent. In vier Jahren sackte ihr Kurs von 100 Prozent auf 77 Prozent durch.

Damals, auf dem Zins-Tiefpunkt, stattete der Staat neue Bundesanleihen mit einem Zinssatz von sechs Prozent und weniger aus. Die Kurse solcher niedrigverzinslichen Emissionen fielen seit 1986 an der Börse so weit zurück, daß diese Papiere etwa die gleiche Rendite bis zur Tilgung bringen wie die heute aktuellen Hochzinswerte. Umgekehrt gelten Anleihen mit hohem Zinssatz in Zeiten niedriger Renditen als wertvoll. Ihr Kurs klettert dann schnell über 100 Prozent. Also: Wenn die Zinsen steigen, fallen die Kurse der Anleihen – und umgekehrt.

Konditionen

Der Anleihevertrag legt den Zeitpunkt der Zinszahlungen fest. In der Regel erhält der Anleger sein Geld jährlich, erstmals ein Jahr nach der Emission. Bei einigen Papieren gibt es allerdings auch zweimal jährlich Bares. Wie er zahlen will, bleibt allein dem Schuldner überlassen. Häufige Zinszahlungen gelten bei gleichem Nominalzins als günstiger, weil der Gläubiger früher über einen Teil der Zinsen verfügen kann.

Wer zum Zinstermin Inhaber der Anleihe ist, erhält den vollen Zinssatz für ein Jahr. Damit nun die Vorbesitzer nicht leer ausgehen, erhält jeder Verkäufer einer Anleihe die bis zum Verkaufszeitpunkt fälligen Zinsen (Fachwort: Stückzinsen) auf den Tag genau gutgeschrieben. Das Geld zahlt der Käufer, der es entweder beim Weiterverkauf oder zum Zinstermin zurückerhält. Das Zinskalenderjahr kennt nur 360 Tage.

Der Zins alleine macht freilich noch nicht den Gesamtertrag einer Anleihe aus. Kommt ein Tilgungsgewinn dazu, steigt der Profit – droht ein Tilgungsverlust, mindert dieser den Anleiheertrag. Um diesen zweiten Ertrags-Bestandteil in den Griff zu bekommen, orientieren sich Zinsjäger nur an der Rendite einer Anleihe.

Ziel jeder Renditekalkulation ist es, den Gesamtertrag einer Anleihe aus Zinszahlungen und Kursgewinn oder -verlusten bis zu ihrer Rückzahlung zu ermitteln. Besonders einfach gelingt dies, wenn der Anleihekurs beim Kauf 100 Prozent beträgt. Wann auch immer die Anleihe zurückgezahlt wird, die jährliche Rendite entspricht exakt dem Zinskupon der Emission. Wesentlich schwieriger wird die Rechnung, wenn der Kurs mehr oder weniger als 100 Prozent beträgt. Dann wird eine komplizierte Abzinsung des Tilgungsgewinns (bei Kursen unter 100 Prozent) oder des Tilgungsverlustes (bei Kursen über 100 Prozent) fällig. Erst besonders programmierte Taschenrechner und Kleincomputer erlauben eine schnelle Ausführung dieser aufwendigen Rechnungen.

Tilgung

Beim Festlegen der Anleihebedingungen sind der Phantasie des Schuldners keine Grenzen gesetzt. Das gilt vor allem für die Art und Weise, in der er das geliehene Geld zurückzahlen will. Am einfachsten und eher die Regel ist die vollständige Tilgung am Ende der Laufzeit. Daneben existiert bisweilen noch die Rückzahlung per Los. Jede Anleihe ist in diesem Fall durchnumeriert, meist in Serien eingeteilt. In regelmäßigen Abständen werden dann bestimmte Stücke oder Serien ausgelost, die der Schuldner vorzeitig zurückzahlt. Clevere Sparer meiden solche Titel, da sie schwer zu kalkulieren sind.

Durchaus üblich ist noch die vorzeitige Kündigung, die allerdings schon im Anleiheprospekt vorgesehen sein muß. Der Schuldner hat dann das Recht, die Anleihe zu bestimmten Konditionen vor der Fälligkeit zurückzuzahlen. Häufig liegt der Kurs in einem solchen Fall sogar knapp über 100 Prozent.

Die Rückzahlung des geliehenen Geldes ist so sicher wie der gute Ruf des Schuldners. In den USA gibt es Bewertungssysteme für die Bonität der Emittenten einer Anleihe. In Europa arbeitet die Börse meist mit Erfahrungswerten (siehe Tabelle Seite 51). Je schlechter der Schuldner angesehen ist, desto höhere Zinsen muß er bieten. Die öffentlichen Schuldner gelten trotz der enormen Haushaltsdefizite immer noch als erstklassig. Dahinter steht die Überlegung, daß sich der Staat – wenn es sein muß – die notwendigen Mittel für Zins und Tilgung per Dekret, also durch höhere Steuern, beschaffen kann.

Bei Industrieanleihen steht das Vermögen des Schuldners für die Tilgung bereit. Bereits hoch verschuldete Firmen finden daher nur schwer neue Käufer für ihre Anleihen.

Fremdwährungsanleihen

Was wirft 14 Prozent Zins ab und bringt dennoch nur traurige 1,5 Prozent? Antwort: zum Beispiel australische Dollarbonds.

Im Nominalzins waren die Australier und ihre Zinspapiere schon immer erste Wahl. Zweistellige Prozente gehören zum Fünften Kontinent wie Känguruhs und Koala-Bären. Doch was nützt dem deutschen Investor der heißeste Kupon, wenn die Währung seiner Anleihe in den Keller geht. So geschehen in den Jahren 1985, 1986 und 1989.

Sparern, die fremdgehen wollen, ermittelt die Dresdner Bank regelmäßig die sogenannten Performance-Daten der Bonds von Australien bis USA. Fleißig summieren die Zahlenakrobaten Zinsertrag, Kursgewinne oder Verluste der Anleihe sowie Devisengewinne oder Verluste der Währung. Die am Ende bilanzierte Wertentwicklung pro Jahr – von den Profis Performance genannt – belegt seit 1984 eher unruhige Zeiten für Zinsjäger. Mal lagen sie zweistellig im Plus (wenn die Währung gegenüber der D-Mark zulegte), mal lagen sie zweistellig hinten (wenn die fremde Devise schwach tendierte).

Fazit: Sie sollten ausländische Hochprozenter nur wohldosiert in Ihr Rentendepot aufnehmen. Erreichen die Prozente zu Hause ebenfalls fast zweistellige Dimensionen, bleiben Sie besser ganz im Lande und nähren sich mit DM-Anleihen redlich.

Zins-Zocker, die trotz unruhiger Zeiten im Ausland ein paar harte Mark anlegen wollen, gehen den Weg zu ihrer Hausbank. Die offeriert sicherlich ein wohlsortiertes Bukett an Hochprozentigem. Manche Geldhäuser beschränken sich nicht nur auf Dollar- und Pfund-Titel, sondern verkaufen sogar südafrikanische Rand-Anleihen.

Wertentwicklung von Fremdwährungsanleihen in DM umgerechnet (Angaben in Prozent)

	1984		1985		1986		1987		1988		1989	
	Dom.*	DM	Dom.*	DM	Dom.*	DM	Dom.*	DM	Dom.*	DM	Dom.*	DM
Australien	16,5	23,4	9,3	–29,5	24,6	–3,9	18,1	5,1	15,4	53,1	14,4	1,5
Belgien	15,8	18,0	21,7	19,1	19,1	17,0	8,7	8,1	9,3	9,1	0,8	0,5
Dänemark	6,3	7,6	37,9	35,4	1,3	–2,5	10,8	8,7	18,9	18,6	3,5	2,7
Frankreich	20,5	20,5	19,5	19,1	19,8	10,9	2,6	0,2	21,5	20,5	3,8	3,7
Großbr.	10,6	2,6	13,7	10,2	14,3	–7,5	18,0	21,9	7,4	16,3	10,7	–6,0
Japan	10,9	18,1	13,8	11,3	8,9	7,7	11,5	19,6	2,5	11,7	–1,6	–18,1
Kanada	10,3	20,1	27,0	–6,4	16,4	–7,1	2,8	–11,1	10,6	36,2	15,3	13,1
Niederld.	16,3	15,6	11,3	11,0	9,5	9,2	7,1	7,5	4,7	4,3	–1,6	–1,0
Österreich	8,4	8,8	10,9	10,8	10,8	10,7	9,0	9,0	7,5	7,6	–1,9	–1,9
Schweiz	2,4	–0,6	6,6	4,3	6,8	5,9	5,0	8,5	3,4	–1,3	–6,4	–13,0
USA	13,7	31,4	28,0	0,1	21,7	–4,0	–1,5	–19,7	8,3	21,9	18,1	12,6
ECU	16,9	15,4	17,7	15,2	13,3	7,7	9,5	9,4	9,0	9,9	–0,4	–3,3

Quelle: Dresdner Bank
* Domestic = in Landeswährung

Null-Kupon-Anleihen

Was in jedem Geldanlage-Lexikon ganz hinten steht, rangierte in der Anlegergunst lange Zeit ganz vorne: Anleihen ohne Zins, sogenannte Null-Kupon-Anleihen. Erstmals 1981 in den Vereinigten Staaten und auf Dollar lautend vorgestellt, waren Zerobonds – so der Original-name – schnell zur Massenware in allen gängigen Währungen aufgestiegen.

Inzwischen blickt nicht mehr jeder Anleger bei der entstandenen Vielfalt durch. Bei Dollar-Zeros sackte nach

dem scharfen Verfall der US-Währung auch schon einmal
die Rendite auf Null oder weniger. Allzu großzügig bedie-
nen sich außerdem manche Broker bei ihren Gebühren.
Und in Deutschland machten die Nuller während des
Zins-Booms 1989/90 ihrem Namen alle Ehre: null Ertrag.
Nun liegen die Preise der Anleihen ohne Zinskupons
wieder sehr niedrig. Je nach Laufzeit bewegen sich die
Kurse bis zu 90 Prozent unter dem Rückzahlungswert.
Wer jetzt freilich zu zehn Prozent einkauft, muß 35 Jahre
warten, bis er das Zehnfache des Einsatzes zurückerhält.
Auf solche extremen Langläufer sollte sich also nur einlas-
sen, wer erst im nächsten Jahrhundert sein Rentnerdasein
antreten will.
Der wundersamen Geldvermehrung im Null-Kupon-
Handel mit Laufzeiten zwischen wenigen Monaten und 35
Jahren liegen simple finanzmathematische Gesetze zu-
grunde. Danach verdoppelt sein Kapital in zehn Jahren,
wer den Einsatz zu sieben Prozent anlegt und die Zinsen
regelmäßig zum gleichen Zinssatz stehen läßt. Oder anders herum: Wer sein Kapital in 30 Jahren verachtfacht,
erzielt eine Zerobond-Rendite von sieben Prozent. In
Deutschland liegt die Rendite für zehnjährige Zeros gegenwärtig deutlich darüber.
Sparer, die daher zugreifen möchten, wählen unter den
börsennotierten Null-Kupon-Papieren. Die Börse sorgt
für Transparenz und faire Preise. Zudem sollten die Kurse
in der Tagespresse veröffentlicht werden. Nur so läßt sich
der aktuelle Stand des Depots laufend kontrollieren.
Schlummern dagegen exotische Zeros im Depot, müssen
ihre Besitzer oft monatelang warten, bis die Hausbank
aktuelle Kurse nennt.
Liegen die Anleihen ohne jährlichen Zinsertrag einmal im

Portefeuille, präsentieren sie ihren wahren Vorteil: Zinslose Papiere erleichtern die Ertragsrechnung. Der Einsatz
steht ebenso fest wie der Rückzahlungsbetrag. Probleme
bei der Wiederanlage von Zinsen entfallen – es gibt ja
keine.

Dank des tiefen Kurses reagieren abgezinste Papiere darüber hinaus heftig auf Zinsänderungen. Beispiel: Fallen
die Zinsen hierzulande mal wieder auf sechs Prozent, dann
haussiert ein Langläufer bis 2026 von heute knapp zehn
Prozent Kurswert auf immerhin 13 Prozent. Kursgewinn
mithin 30 Prozent.

Schießen die Zinsen auf den internationalen Kapitalmärk-
ten indes weiter nach oben, reagieren Zerobonds in umge-
kehrter Richtung. Deutliche Kursverluste setzen dem
Sparer um so mehr zu, als er auf einen jährlichen Zinsertrag verzichten muß. Lösungsvorschlag: Nicht verkaufen
und nicht ständig kontrollieren.

Langfristanleger, die ihren Zero bis zur Tilgung durchhalten wollen, stehen freilich vor einem unlösbaren Problem:
Wie wollen sie die Bonität ihres Schuldners bis weit in die
Zukunft abschätzen? Antwort: Nur der Blick auf Kurse
und Renditen läßt erahnen, ob das Unternehmen noch
kreditwürdig ist. Billigware mit extrem hohen Renditen
mahnt zur Vorsicht. Am Kapitalmarkt wird nichts ver-
schenkt.

Besonderes Gewicht erhält die Schuldnerqualität, wenn
Zeros zur Altersversorgung beitragen sollen. Wer im
Jahr 2016 in Pension geht und dann seinen Zero in bar
kassieren möchte, muß sich auf die Zahlungsfähigkeit
seines Emittenten verlassen können. Fazit: Nur beste
Bonität besorgen. Und der Währung treu bleiben, in der
später der Lebensunterhalt bezahlt werden muß. Sonst

können Abwertungen den Kapitalgewinn schnell kompensieren.

Für Einbußen sorgt ohnehin schon der Fiskus. Der schnappt sich am Laufzeitende oder beim vorzeitigen Verkauf seinen Anteil. Steuerpflichtig ist zunächst der rechnerische Ertrag, der während der Laufzeit anfällt. Alle Ersterwerber, die ihre Zeros bis zum Ende durchhalten, kalkulieren einfach: Die Differenz von Rückzahlungsbetrag (meist 100 Prozent) minus Kaufkurs ergibt den Anteil für die Steuererklärung.

Verkaufen Spekulanten allerdings vorzeitig, wird es für sie problematisch. Denn steuerpflichtig ist nur der zeitanteilige Zins, seine Höhe aber bleibt bei zinslosen Papieren unsichtbar. Das Einmaleins der Zeros beginnt mit der Rendite, die das Papier laut Ausgabebedingungen ursprünglich offerierte (sogenannte Emissionsrendite). Erzielt der Anleger durch einen hohen Börsenkurs mehr als diesen rechnerischen Zinsanteil, kassiert er zusätzlich einen steuerfreien Kursgewinn. Liegt der Verkaufskurs darunter, weil die Kapitalmarktzinsen gestiegen sind, gehört trotzdem der höhere rechnerische Zinsanteil zu den Einkünften aus Kapitalvermögen.

Bonns Beamte im Finanzministerium ersannen nach vier Jahren Denkarbeit Anfang 1985 mathematische Formeln zur Lösung des Steuerproblems. Steuerehrliche sind damit überfordert. Verständlicher Kommentar irritierter Anlageberater: »Gehen Sie mit Ihrer An- und Verkaufsabrechnung doch zum Finanzamt.«

Finanzinnovationen

Traditionelle Anleihen scheinen bisweilen out, Finanzinnovationen hingegen in. Doch was die Banken als Neuheit kreieren, hat nicht immer Pep – und ist nicht selten schwer zu durchschauen. »Letztlich verstehen selbst Fachleute die Konditionen vieler Anleihen nicht mehr und sind daher auch nicht in der Lage, die Titel zu bewerten« – so das Fazit zahlreicher Branchenkenner.

Wenn sich schon Profis so irritieren lassen, dann müssen Kleinanleger erst recht verzweifeln. Zudem nützen innovative Anleiheformen meist den Schuldnern. Gemeinsam ist vielen ihr unsicherer Ausgang. Die sonst für festverzinsliche Wertpapiere typische Gewißheit, daß der Schuldner am Laufzeitende zu hundert Prozent tilgt, fehlt hier völlig. Bei *Doppelwährungsanleihen* etwa entscheidet der Devisenmarkt, wie hoch der Kapitalrückfluß ausfällt.

Bei sogenannten *Müll-Anleihen* (Originalbezeichnung Junk Bonds) entscheidet oft der Konkursrichter, ob überhaupt getilgt wird. Bei *Floatern* schließlich bestimmt der Geldmarkt in Frankfurt oder London, welchen Zins der deutsche Schuldner an seine Gläubiger auszahlen muß. Merke: Erfinden ist Silber – an den Mann oder die Frau bringen – ist Gold.

Junk Bonds

Der Name sagt schon alles: Junk Bonds sind jene Festverzinslichen, die eher in den Mülleimer (Junk = Abfall) als in ein Wertpapierdepot gehören.

In Deutschland haben die Wegwerfpapiere noch keinen treffenden Namen; Frankfurter Rentenhändler kennen

freilich genug Titel, bei denen in der Vergangenheit Zins-
und Kapitalrückzahlung gefährdet schien. 1980 waren es
Iran-Anleihen, die aus politischen Gründen zu Schleuder-
preisen weggeworfen wurden. Als sie ihre Tiefstkurse
erreichten, betrug die Rendite stolze 20 Prozent. Finanzminister Hans Matthöfer zahlte für seine Schulden damals
nur um die neun Prozent. Zwei Jahre später waren es die
Emissionen aus Mexiko, die ein Drittel ihres Wertes
einbüßten.

Unrühmliche Zeiten durchlebten 1989 China-Anleihen,
als Panzer auf dem Platz des himmlischen Friedens auf-
fuhren. 1990 landeten die in Frankfurt gehandelten DM-
Schulden des australischen Konzern-Chefs Alan Bond auf
der Müllhalde. Sein Imperium kam ins Trudeln. Folge:
Seine Anleihen waren nur noch bis 20 Prozent ihres
ursprünglichen Ausgabepreises wert.

Die Eigentümer solcher Anleihen erlitten bisher regelmäßig hohe Vermögensverluste – sofern sie in Panik Kasse
machten. Wer allerdings danach die Nerven behielt, kassiert seither jährlich Zinsen und sieht sicherlich seinen
alten Einstandspreis wieder. Die Unruhe ist inzwischen
verflogen, sämtliche DM-Anleihen am Frankfurter Rentenmarkt wurden von ihren Schuldnern ordentlich be-
dient. Offen bleibt wohl noch das Schicksal der Bond-
Bonds.

Ein neues Spiel mit Zitter-Zinsen bietet sich im Osten an.
Nach dem Mauerfall steigt allmählich die Hoffnung auf
ein vorbildliches Verhalten der Ost-Schuldner gegenüber
allen Devisenbringern aus dem Westen. Als Emittent
hochprozentiger DM-Anleihen empfiehlt sich die Ungari-
sche Nationalbank. Wer sich an der Ost-Euphorie betei-
ligt, kann dieser Bank durchaus Geld leihen. Lohn der

Angst: Renditen um zehn Prozent. Viel mehr, als aus Bonn kommt.

Noch weiter östlich weckt ebenfalls ein Überangebot von Reformen die Lust auf Zinsjagd. Mutige Kapitalgeber können sich beteiligen: Die Bank für Außenwirtschaft der UdSSR läßt ihre DM-Anleihen in Frankfurt handeln. Die Kreditwürdigkeit des bisher seltenen Gastes am deutschen Kapitalmarkt wird international mit dem Platz 25 gewürdigt. Damit stehen die Russen besser da als beispielsweise das EG-Mitglied Griechenland (Platz 38). So jedenfalls nachzulesen in einer Statistik des angesehenen amerikanischen Finanzmagazins *Institutional Investor*. Regelmäßig befragen dessen Redakteure 75 bis 100 international tätige Geschäftsbanken nach ihrer Bonitäts-Einschätzung der 112 wichtigsten Länder der Erde (siehe Seite 51). Die Kreditwürdigkeit des Schuldners Ungarn setzten die kritischen Bankiers auf Platz 42 – noch vor die Türkei (Platz 44).

Doch nicht nur am heimischen Markt können Mutige bisweilen Sondersituationen im Junk-Bereich vorfinden. Sämtliche Rentenmärkte rund um den Globus offerieren solche Zitter-Partien. Eine besonders reichhaltige Auswahl bieten die USA – als Erfinder dieser Gattung verständlich – und eher überraschend der seriöse Finanzplatz Schweiz. Wer sich an diese Randzone des Rentenmarktes wagt, sollte indes die Weisheit erfahrener Rentenhändler bedenken: »An den Märkten gibt es selten Geschenke.« Grundsätzlich gilt: Je berauschender die Verzinsung, desto gefährlicher die Risiken.

Variabel verzinsliche Anleihen

Dem Floater gelang hierzulande der Durchbruch erst im März 1990. Damals verschaffte sich die Deutsche Bundesbahn ihre Finanzierungsmittel über eine variabel verzinsliche Anleihe. Die bis dahin unter Großanlegern längst bekannte Anleihegattung ist seither auch für Kleinanleger käuflich: Die Mindestbeteiligung beträgt nur 5000 Mark, den Kurs pflegt die Deutsche Bundesbank, die lästigen 0,25 Prozent Börsenumsatzsteuer entfallen.

Besonders diese Zwangsabgabe störte den Floaterhandel. Wer nur kurzfristig anlegte, zahlte heftig ans Finanzamt und schmälerte seine Rendite erheblich. Nun erkennen vermehrt auch Privatanleger die Floater-Vorteile.

Variable Anleihen garantieren keinen festen Zins. Ihren jährlichen Ertrag legt vielmehr der Schuldner in bestimmten Zeitabständen neu fest. Um seinen Ermessensspielraum einzuschränken, nennen sämtliche Anleihebedingungen allerdings einen offiziellen Referenzzins. Gilt etwa der Fibor, dann regelt Frankfurts Interbank Offered Rate, wieviel der Floater abwirft. Diese Zinsrate gibt täglich an, welchen Preis einige ausgewählte deutsche Kreditinstitute im Durchschnitt verlangen, wenn sie Konkurrenten Geld für drei oder sechs Monate leihen. Londoner Banken nennen ihren Zins für kurzfristige D-Mark-Anlagen Libor (für London Interbank Offered Rate).

In den letzten zehn Jahren schwankten die Sätze für Drei- bis Sechs-Monats-Fristen zwischen drei und 14 Prozent. Je nach Ausstattung des Floaters erhalten ihre Besitzer den Referenzzins mit einem Auf- oder Abschlag ausgezahlt.

Das Kleingedruckte in den Anleihebedingungen schreibt meist drei oder sechs Monate bis zur nächsten Zinsanpassung vor. So folgt die Floater-Rendite eng der tatsächlichen Zinsentwicklung für kurzfristige Geldanlagen und garantiert dem Sparer immer marktgerechte Prozente. Für den Kurs der Variablen folgt daraus Erfreuliches: Er bleibt während seiner Laufzeit wie festgezurrt um 100 Prozent stehen. Nur zwischen den jeweiligen Anpassungszeitpunkten ergeben sich minimale Abweichungen.

Nachteil: Den Floatern fehlt natürlich jede Chance auf steigende Kurse. Kursstabile Floater als Anlage mit Netz (marktgerechter Zins) und doppeltem Boden (jederzeit verkäuflich ohne Kursrisiko) lohnen also nur, wenn die Zinsen deutlich steigen. Denn nur dann winken höhere Erträge.

Als Ausnahme von dieser Regel ließ sich das Bankhaus Trinkaus & Burkhardt an der Düsseldorfer Königsallee einen umgekehrten Floater einfallen. In diesem Fall verspricht der Schuldner beispielsweise utopische 16 Prozent und zieht alle sechs Monate davon den jeweils gültigen 6-Monats-Libor-Satz ab. Konsequenz für den Gläubiger: Steigen die Zinsen für kurzfristige Gelder, sinkt die Floater-Rendite. Im Extremfall sogar auf Null-Prozent, wenn der Libor bis 16 Prozent explodiert. Umgekehrt zieht der Floater-Zins an, sobald der Referenz-Zins aus London fällt. Taumelt er bis ins historische Zinstief von drei Prozent, verschafft die Kö-Kreation üppige 13 Prozent Jahresertrag.

Kein Wunder, daß solche Aussichten dem umgekehrten Floater reißenden Absatz verschafften. Prompt schob das clevere Emissionshaus aus Düsseldorf weitere Varianten nach. Wir raten von solchen Zins-Spielchen ab. Der Anleihekäufer trägt ein zu hohes Zinsänderungsrisiko. Geht seine Hoffnung auf fallende Zinsen nicht auf, geraten solche Innovationen schnell ins Börsenabseits. Kursver-

luste drohen bei vorzeitigem Verkauf. In diesem Fall wäre
ein echter Floater vorteilhafter. Tritt der Zins-Fall tatsächlich ein, bringen auch normale festverzinsliche Anleihen
höheren Profit. Sie steigen dann nämlich im Kurs und
liften die Endrendite des Engagements.

So ordern Sie richtig

Bank-Sparbrief und Bundesobligation – solche Dutzend-
ware läßt sich am Bankschalter leicht kaufen. Bei besser-
verzinslichen Exoten mauern Bankiers dagegen gerne.
Häufige gehörte Ausrede: »Ein Handel findet in der Regel
nicht statt.« Mit dem Hinweis auf einen angeblich darnie-
derliegenden Markt lassen sich so selbst hartnäckige Zins-
Fans auf bankeigene Produkte umpolen. Diese Absicht
steckt meist hinter den Abwehrversuchen von Banken, die
ihre Provision im Auge haben.
Freilich berechtigt nicht jedes Abblocken sogleich zur
Reklamation. In den weit verstreuten 45 000 Bankposten
von Flensburg bis Mittenwald können nicht alle Berater
als ausgebuffte Rentenexperten daherkommen. Die große
Zahl der täglich neu an den internationalen Kapitalmärk-
ten erscheinenden Titel können sie unmöglich kennen,
viele ältere Papiere geraten zudem zu Recht schnell in
Vergessenheit. Anleihen mit engen Märkten und nur
wenig frei verfügbaren Einheiten rechtfertigen einen Kauf
nur selten. Hier verderben nicht marktgerechte, über-
höhte Kurse die erhoffte Rendite.
Trotz vermeintlicher Mauertaktik sollten Interessierte
also nicht voreilig ihrer Hausbank den Rücken kehren.
Umsatzwillige Institute haben längst Kommunikations-

wege aufgebaut, um möglichst viele Geschäftsstellen mit hauseigenen Zinstips zu versorgen. Auf Bildschirmen können gut ausgestattete Berater börsentäglich jenen Anleihebestand abfragen, den die Wertpapierzentrale für zinsbewußte Kunden bereithält.

Diese Lagerware stimmt angesichts der unüberschaubaren Masse in- und ausländischer Rentenwerte selten mit jenen Tips überein, die Börsendienste oder andere Tip-Geber gerade verbreiten. Als Makulatur müssen sie dennoch nicht verstanden werden. Bei richtiger Interpretation können gut informierte Anleihekäufer durchaus mit ihrem Bankberater handelseinig werden.

Wichtig: Ob der Schuldner nun Deutsche Bank oder Commerzbank, Ford oder General Motors, Schweden oder Österreich heißt, bleibt unerheblich. Sogar Zins und Kurs sind austauschbar, solange die Rendite stimmt.

Doch selbst bei gehöriger Flexibilität sollte sich der Sparer nicht jede Emission aufschwatzen lassen. An der für gut befundenen Währung und der gewünschten Laufzeit gilt es festzuhalten.

Konsequenz: Wer Dollarbonds sucht, läßt sich nicht in DM-Papiere treiben. Wer Kurzläufer begehrt, läßt sich nicht Festverzinsliche bis ins nächste Jahrhundert andrehen. Mangelhafte Qualitäten oder Unlust der Berater kontern clevere Zinsjäger mit einem Verweis auf das bankeigene Angebot via bankinternem Bildschirm. Oder Sie nutzen selbst den Computer: via Bildschirmtext (Btx) hilft etwa *Capital* regelmäßig bei der Zinsjagd* (auf S. 50 finden Sie ein Beispiel). Aktuelle Sparbrief-Konditionen

---

* Postkunden mit einem Btx-Anschluß wählen die Seite ✳ Capital # (oder alternativ ✳ 3 45 00 55#) und finden wertvolle Informationen.

weisen den Weg durch den Dschungel der Bank-Offerten;
Hinweise zu heißen Neuemissionen führen zum richtigen
Hochprozenter. Bisweilen verhelfen konkrete Zins-Tips
zu besonders profitablen Kupon-Offerten:

Gruner + Jahr AG & Co.   0,00 DM
Meldung

                                    vom 11. 07. 90
Zinstip: 13,75 Prozenter

Mitten in den Sommermonaten, während die
Bundesbürger gen Süden rollen, müssen die
Notenbanken gegen die Pesete intervenieren.
Die spanische Zentralbank etwa bemüht sich
um den französischen Franc und stützt ihn.
Sonst ginge seine Talfahrt gegenüber der Pesete
ungebremst weiter. In Frankfurt mußte die
Deutsche Bundesbank Peseten verkaufen, um
ihren Anstieg zu stoppen. Nicht nur Sonnen-
Anbeter sollten aufhorchen. Auch weltweit
operierende Zinsjäger beachten die Urlauber-
Devise und nehmen sie in ihr Depot: z. B. die
neue 13,75% Weltbank bis 24. 7. 95 zu
101,40%. Die Rendite beträgt üppige 13,35%.

                  Alle Angaben ohne Gewähr
Abgesandt 11. 07. 90   08:48:01, → #

Die Länderbonität für 1990

Rang März 1990	Rang Sept. 1989	Land	Bonitäts-index	Sechs-Monats-Veränd.	1-Jahr-Veränd.
1	1	Japan	94,6	−0,1	−0,4
2	2	Switzerland	94,6	0,5	0,4
3	3	West Germany	93,8	0,3	0,0
4	4	United States	90,9	0,6	1,1
5	5	Netherlands	87,8	0,2	0,8
6	8	France	87,2	1,2	2,4
7	6	United Kingdom	87,0	−0,5	0,0
8	7	Canada	86,7	0,8	1,2
9	9	Austria	84,6	0,8	1,5
10	10	Sweden	81,3	0,3	1,0
11	12	Italy	80,1	1,0	1,9
12	11	Finland	79,7	0,4	1,0
13	13	Belgium	78,9	−0,2	1,0
14	14	Norway	78,6	0,5	1,2
15	16	Singapore	77,9	0,9	2,3
16	15	Taiwan	77,7	−0,2	−0,1
17	17	Spain	76,9	0,8	2,2
18	18	Denmark	72,1	0,0	0,3
19	19	Australia	71,0	0,6	1,2
20	21	South Korea	69,6	2,0	3,1
21	20	Hongkong	66,6	−2,8	−3,1
22	22	Ireland	66,5	1,8	3,0
23	23	New Zealand	63,8	−0,7	0,1
24	25	Portugal	62,9	1,7	3,4
25	24	U.S.S.R.	62,1	−2,2	−2,8
26	29	Thailand	61,3	1,5	3,9
27	28	Kuwait	60,8	0,6	2,4
28	26	Saudi Arabia	60,3	−0,8	0,5
29	32	Malaysia	59,1	1,7	3,3
30	30	United Arab Emirates	59,0	0,2	2,5
31	31	East Germany	57,1	−1,2	−1,7
32	33	Qatar	55,9	0,0	1,9
33	35	Iceland	55,8	0,8	2,7
34	34	Bahrain	54,5	−1,2	−0,2
35	27	China	54,2	−6,3	−8,7

Die Länderbonität für 1990

Rang März 1990	Rang Sept. 1989	Land	Bonitäts-index	Sechs-Monats-Veränd.	1-Jahr-Veränd.
36	36	Czechoslovakia	53,7	−1,0	−0,7
37	37	Oman	52,8	−0,5	1,9
38	38	Greece	48,9	0,0	0,3
39	39	India	47,8	0,0	0,0
40	42	Indonesia	47,7	2,4	3,7
41	40	Cyprus	46,1	−0,2	−1,4
42	43	Hungary	43,6	−0,9	−0,8
43	41	Bulgaria	43,1	−2,5	−3,4
44	44	Turkey	41,4	0,3	0,4
45	45	Algeria	39,4	−0,2	−0,5
46	47	Barbados	38,0	0,3	3,3
47	49	Tunisia	37,3	0,6	1,8
48	46	Papua New Guinea	37,2	−1,1	−0,1
49	50	Israel	36,4	1,4	1,8
50	51	Chile	36,1	2,4	5,0
51	53	South Africa	34,0	1,8	1,6
52	52	Romania	33,3	0,7	0,6
53	56	Mauritius	33,1	1,7	2,4
54	60	Mexico	32,6	2,3	3,3
55	54	Venezuela	31,8	−0,3	−3,1
56	48	Colombia	31,8	−6,1	−5,3
57	59	Pakistan	30,8	−0,2	−0,3
58	57	Trinidad & Tobago	30,4	−0,9	−1,5
59	61	Gabon	29,8	−0,3	−1,8
60	62	Kenya	29,7	−0,2	−0,4
61	63	Uruguay	29,1	0,3	0,2
62	58	Cameroon	28,4	−2,7	−4,1
63	55	Jordan	28,0	−3,4	−5,4
64	64	Zimbabwe	27,5	−0,3	−2,8
65	65	Brazil	27,2	−0,6	−1,9
68	67	Yugoslavia	27,1	1,3	0,3
67	66	Marocco	26,8	0,5	1,0
68	70	Philippines	25,6	0,5	1,1
69	72	Libya	25,4	2,0	2,0
70	68	Paraguay	25,3	−0,4	−0,1

Die Länderbonität für 1990

Rang März 1990	Rang Sept. 1989	Land	Bonitäts-index	Sechs-Monats-Veränd.	1-Jahr-Veränd.
71	69	Nepal	24,7	−0,9	0,2
72	75	Iran	23,5	2,3	2,5
73	71	Egypt	23,0	−1,0	−1,1
74	73	Sri Lanka	21,2	−1,4	−1,1
75	74	Ivory Coast	20,5	−1,5	−4,3
76	76	Senegal	19,2	−0,1	−0,1
77	78	Poland	19,0	0,2	0,9
78	79	Costa Rica	19,8	0,4	0,7
79	77	Argentina	18,7	−0,3	−3,6
80	86	Swaziland	18,7	1,5	1,1
81	88	Iraq	18,5	1,6	2,8
82	79	Bangladesh	18,3	−0,2	0,8
83	85	Syria	18,2	0,5	0,0
84	82	Jamaica	18,1	0,1	1,0
85	87	Domin. Republic	17,8	0,5	2,4
86	84	Nigeria	17,5	−0,3	−1,3
87	83	Ecuador	17,3	−0,5	−2,6
88	81	Panama	16,9	−1,2	−3,9
89	89	Seychelles	15,5	−0,1	−0,9
90	90	Malawi	15,2	−0,4	−0,4
91	92	Guatemala	14,5	0,0	−0,3
92	93	Congo	13,3	0,2	−0,2
93	91	Honduras	13,1	−1,4	−0,2
94	94	Angola	12,2	0,3	1,9
95	95	Cuba	10,9	0,2	−0,4
96	96	Peru	10,3	0,1	−1,1
97	101	Bolivia	10,2	1,2	0,5
98	99	Tanzania	10,1	0,9	0,6
99	97	El Salvador	9,7	−0,1	−0,2
100	96	Zambia	9,0	−0,2	−0,5
101	103	Granada	8,7	0,2	−0,2
102	102	Zaire	8,3	−0,6	−1,1
103	100	Liberia	8,3	−0,8	−2,3
104	108	Haiti	7,9	0,7	0,9
105	104	Lebanon	7,5	−0,3	0,5

Die Länderbonität für 1990

Rang März 1990	Rang Sept. 1989	Land	Bonitäts-index	Sechs-Monats-Veränd.	1-Jahr-Veränd.
106	107	Mozambique	7,5	0,3	0,8
107	106	Sierra Leone	7,3	0,0	−1,8
108	105	Ethiopia	7,3	−0,1	0,1
109	110	Uganda	5,4	0,8	0,0
110	109	Sudan	5,2	0,2	0,0
111	111	Nicaragua	4,7	0,2	−0,1
112	112	North Korea	4,5	0,3	0,9
Durchschnitt			39,0	0,0	0,3

Quelle: Institutional Investor-Rangliste

Genußscheine

Nicht immer ein Genuß ohne Reue

Ihr Geld nehmen sie gern, aber Mitsprache bei der Geschäftsführung gewähren sie den Geldgebern nicht. Wie schon die Vorzugsaktie kommt auch eine andere kühne Kreation kapitalhungriger Finanzchefs deshalb reichlich kastriert daher: Genußscheine. Das ist ein in Mode gekommenes Beteiligungspapier, ein enger Verwandter der stimmrechtslosen Vorzugsaktie.

Handelsrechtlich Eigen-, steuerlich Fremdkapital – auch aus diesem Grunde werden die Genußscheine (im Börsenjargon Genüsse genannt) zwischen Rente und Risikopapier angesiedelt. Tatsächlich aber überwiegt bei den meisten heimischen Kreationen der Anleihecharakter. Aktienfans halten Genüsse daher für reichlich langweilig und bezeichnen sie nach den zweitklassigen Vorzugsaktien sogar als drittklassig.

Daß zum Beispiel die Commerzbank – mit einer rentierlichen Genuß-Variante selbst im florierenden Scheingeschäft – gleichwohl von der »Renaissance eines Klassikers« sprechen konnte, liegt zunächst an dessen Renditevorteilen. Nicht wenige Genüsse bieten nämlich erheblich mehr Zinsen als zum Beispiel Bonns Bundesanleihen.

Der Mehrzins hat freilich einen guten Grund: Der Genußschein-Inhaber geht leer aus, wenn sein Unternehmen rote Zahlen schreibt. Ein Nachzahlungsanspruch wie bei den Vorzugsaktien besteht nicht zwingend. Also müssen

die Genüsse zum Ausgleich für das Manko mit einem
Bonus ausgestattet werden. Das Bonbon ist in aller Regel
die gegenüber Aktien erheblich bessere Rendite.
Die nützt freilich nichts, wenn ein Genuß faden Beige-
schmack bekommt. So geschehen bei Klöckner & Co. Erst
eine freiwillige Zahlung des gebeutelten Schuldners ret-
tete die Genußschein-Inhaber vor dem Nichts. Der nach
einer langen Zeit der Kursaussetzung wiederbelebte
Klöckner-Genuß hinterließ dennoch Bauchschmerzen.
Nur ein erheblicher Mehrzins kann da noch Appetit machen. Beispiel: Bei der Commerzbank gibt es 8,25 Prozent
im Jahr – wenn die Großbank Gewinn erwirtschaftet.
Zahlt sie mehr als sechs Mark Dividende pro Aktie, erhöht
sich die Verzinsung für jede 50 Pfennig Mehrdividende
um weitere 0,25 Prozentpunkte. Geht die Commerzbank
etwa von neun auf zehn Mark Dividende, erhalten Genußschein-Inhaber mithin eine Ausschüttung von 10,25 nach
9,75 Prozent.
Aber Achtung: Bereits Ende 1995 zahlt die Bank ihre
Genüsse zurück. Wie bei einer Anleihe dürfen die Genie-
ßer der Commerzbank hundert Prozent pro Genuß erwarten. Wer also heute kauft, muß 1995 wie bei einer über
pari notierenden Anleihe einen sicheren Kursverlust hinnehmen. Trotz aller Ausschüttungsphantasie wird der
Kurs der Commerzbank-Scheine daher wohl kaum jemals
spektakuläre Sprünge machen.
Mehr als Zins- denn als Dividendenpapier präsentieren
sich auch die Genußscheine des Medienmultis Bertelsmann. Denn der Bertelsmann-Genuß bietet kein Stimmrecht, dafür aber eine üppige Ausschüttung von 15 Prozent. Kein Wunder, daß die Bertelsmänner, wie die Gü-
tersloh-Genüsse auf dem Börsenparkett heißen, auf Än-

derungen des Zinsniveaus empfindlich reagieren. Weil
zuletzt die Zinsen stiegen, fielen sie zeitweilig unter 150
Prozent. Auf diesem Niveau sind sie ein spekulativer
Kauf, denn die Rendite erreicht zehn Prozent – wenn die
Gütersloher weiterhin 15 Prozent zahlen.

Ähnlich großzügig gibt sich die Sixt AG. Die Genußscheine des umtriebigen Autovermieters kamen an der
Börse ins Schleudern und rutschten bis fast 91 Prozent
ihres Rückzahlungswertes. Dank der versprochenen zehn
Prozent Ausschüttung rentieren die Sixt-Genüsse auf
dieser Basis spektakuläre elf Prozent. An der vollständigen
Tilgung zu 100 Prozent am 17. 5. des Jahres 2000 brauchen Genuß-Inhaber vorerst nicht zu zweifeln. Die Sixt-
AG steht in tadellosem Ruf.

Kaum anders lassen sich die anderen Varianten am Markt
beurteilen. Meist stören bei ihnen freilich komplizierte
Nebenbedingungen. So bietet zwar der Allianz-Genuß ein
sogenanntes Wandelrecht in die attraktiven Aktien des
Versicherungsgiganten – doch wie: Bei Kündigung der
Genüsse durch die Allianz erfolgt ein Umtausch in Aktien
oder eine Tilgung zu 12,29 Prozent des Aktienkurses.

Dem Tohuwabohu im Kleingedruckten sind bei der ge-
schilderten Anlageform keine Grenzen gesetzt. Da sie
zudem in der Vergangenheit nicht mit Kurserfolgen
glänzte, ist Vorsicht geboten. Wer sich dennoch engagiert,
sollte die steuerlichen Konsequenzen bedenken. Genußschein-Inhaber beziehen Einkünfte aus Kapitalvermögen.
Anders als bei Zinsen aus Sparbüchern oder Anleihen
werden bei den Ausschüttungen 25 Prozent Kapitalertragsteuer einbehalten. Den Zwangsabzug können Sie dann in
ihrer Steuererklärung vom Finanzamt zurückfordern –
oder mit Steuerschulden verrechnen lassen.

Bausparen

»Für das Sparen der Erwerber von Wohneigentum spielt in Deutschland das Bausparen traditionell eine große Rolle«, fand das Bundesbauministerium heraus. Rund 80 Prozent der Immobilienfreaks setzen auf einen Bausparvertrag. Etwa ein Drittel der Mittel, die für den Bau oder den Erwerb von selbstgenutzten Objekten aufgewandt werden, stammt aus Bausparverträgen.

Der Grundgedanke, so umschreibt etwa die Landesbausparkasse (LBS) Hannover ihr Angebot, ist bestechend einfach: Da die meisten Menschen, die Wohneigentum erwerben wollen, nicht von vornherein über das nötige Kapital verfügen, muß dem Erwerb grundsätzlich ein Sparprozeß vorausgehen. Die Bausparer werfen deshalb viele kleinere, monatliche Beträge in einen gemeinsamen Topf, aus dem sie sich später einmal bedienen. Die Bausparergemeinde ist also eine Zweckgemeinschaft mit dem Ziel, Bauspardarlehen zu erhalten – und zwar zu besonders günstigen Konditionen. Es bleibt zudem der Darlehenszins, wenn ihr Bauspardarlehen endlich zugeteilt wird, für die gesamte Laufzeit des Darlehens gleich.

Bausparer müssen freilich nicht nur Zinsen zahlen, sie streichen auch Zinsen ein. Das heißt dann Guthabenzinsen. Die schwanken in der Regel zwischen 2,5 und 4,5 Prozent; die Darlehenszinsen liegen jeweils um rund zwei Prozentpunkte darüber.

Wer einen Bausparvertrag abschließt, muß sich auf die sogenannte Bausparsumme festlegen. Über sie kann der

Bausparer, wenn sein Darlehen zugeteilt wird, in voller Höhe verfügen. Bis zur Zuteilung heißt es: sparen, was das Zeug hält. Üblich sind monatliche Ansparungen von vier Promille der Bausparsumme, Sonderzahlungen verkürzen die Wartezeit bis zur Zuteilung. Wer nur die sogenannten Regelsparbeiträge leistet, wartet im allgemeinen acht bis neun Jahre. Zugeteilt wird von BHW bis Wüstenrot erst dann, wenn Sie 40 bis 50 Prozent der Bausparsumme auf der hohen Kante haben.

Über den Zeitpunkt der Zuteilung entscheidet die sogenannte Bewertungszahl. Sie hängt von der Höhe des Guthabens und dem Zeitpunkt des Vertragsabschlusses ab. Je früher und je mehr Sie ansparen, desto eher sehen Sie Geld. Die Bewertungszahl wird zu bestimmten Stichtagen ermittelt. Wer die Stichtage nutzt, also kurz vorher Sonderzahlungen leistet, kommt früher in die Gunst der Zuteilung.

Arbeitnehmersparzulage

Deutschlands erster Bausparer hieß Johannes Rau. Der Bahnhofsvorsteher aus Heidenheim an der Brenz, nicht verwandt mit dem gleichnamigen NRW-Ministerpräsidenten, war noch völlig auf sich allein gestellt. Bausparer von heute, Arbeitnehmer insbesondere, können zusätzlich auf die Hilfe des Staates vertrauen. Der nämlich begünstigt vermögenswirksame Leistungen für Bausparverträge mit einer Arbeitnehmersparzulage. Genauer:

○ Beim Bausparen fördert der Fiskus *Einzahlungen vermögenswirksamer Leistungen* bis zu einer Höhe von 936 Mark.

○ Auf diese 936 Mark gibt es eine *staatliche Sparzulage* von zehn Prozent, wenn Ihr Einkommen bestimmte Grenzen nicht überschreitet.
○ *Ehegatten* können die *staatliche Begünstigung* sogar zweimal nutzen.

Die Arbeitnehmersparzulage streicht indessen nur ein, wer als Alleinstehender nicht mehr als 27 000 Mark oder als Verheirateter nicht mehr als 54 000 Mark im Jahr verdient. Maßgebend ist das zu versteuernde Einkommen, das erheblich von Ihrem Bruttoeinkommen abweichen kann. Denn Freibeträge vermindern das zu versteuernde Brutto erheblich, so daß Sie mehr als 27 000/54 000 Mark verdienen dürfen, wenn Sie in den Genuß der öffentlichen Sparförderung kommen wollen. Welches Brutto-Einkommen der Staat subventioniert, zeigt die folgende Tabelle.

Bruttolohn-Höchstgrenzen für die Bausparförderung

Anzahl der Kinder unter 18 Jahren	Familienstand		
	Alleinstehende	Verheiratete	
		1 Arbeitnehmer	2 Arbeitnehmer
	DM	DM	DM
0	32 672	63 569	65 560
1	41 258	66 260	68 260
2	44 282	69 284	71 284
3	47 306	72 308	74 308
4	50 330	75 332	77 332

Die in der Tabelle angegebenen Werte gelten ab 1990. Sie können sich im Einzelfall durch persönliche Steuervorteile erhöhen. Bei der Berechnung der Werte für Alleinstehende mit Kindern ist davon ausgegangen worden, daß von dem anderen Elternteil kein Unterhalt für die Kinder gezahlt wird.

Quelle: BHW

Wohnungsbauprämie

Die Arbeitnehmersparzulage allein macht indes den Kohl nicht fett. Die meisten Bausparer nehmen deshalb auch noch die staatliche Wohnungsbauprämie in Anspruch. Sie beträgt zehn Prozent für Einzahlungen bis zu 800 Mark (Alleinstehende) oder bis zu 1600 Mark (Verheiratete). Einen Prämienanspruch erwerben Sie jedoch nur, wenn Sie jährlich mindestens 100 Mark auf die Seite legen. Es gelten die gleichen Einkommensgrenzen wie bei der Arbeitnehmersparzulage.

Bausparleistungen und Spargewinn

	Ihre Sparleistungen und die staatlichen Vergünstigungen pro Jahr		Nach sieben Jahren			Angemessene Bausparsumme – mindestens –
	Prämienbegünstigte Sparleistungen; vermögenswirksame Leistungen	Prämie 10%, Sparzulage 10%	Sparleistungen des Bausparers	Spargewinn: Prämie, Sparzulage, Zinsen 4%	Sparleistungen plus Spargewinn	
	DM	DM	DM	DM	DM	DM
Sie sind alleinstehend	800,– 936,–	80,– 93,60	5600,– 6552,–	1459,– 1707,–	7059,– 8259,–	14000,– 16000,–
	1736,–	**173,60**	**12152,–**	**3166,–**	**15318,–**	**30000,–**
Sie sind verh. (1 Arbeitn.)	1600,– 936,–	160,– 93,60	11200,– 6552,–	2918,– 1707,–	14118,– 8259,–	28000,– 16000,–
	2536,–	**253,60**	**17752,–**	**4625,–**	**22377,–**	**44000,–**
Sie sind verh. (2 Arbeitn.)	1600,– 1872,–	160,– 187,20	11200,– 13104,–	2918,– 3414,–	14118,– 16518,–	28000,– 32000,–
	3472,–	**347,20**	**24304,–**	**6332,–**	**30636,–**	**60000,–**

Quelle: BHW

Gewitzte Bausparer kassieren also gleich zweimal ab. Sie schreiben sich die Arbeitnehmersparzulage ebenso wie die Wohnungsbauprämie gut. Was für Sie nach sieben Jahren alles in allem herausspringt und welche Bausparsumme Sie wählen sollten, demonstriert unser von der BHW übernommenes Zahlenbeispiel (s. S. 61).

Renditen

Ob Bausparen lohnt, ist selbst bei eingefleischten Profis nicht unumstritten. Fest steht: Ohne staatlichen Zuschuß wäre mit Bausparen gemeinhin kein großer Staat zu machen. Denn im großen Bauspartopf wird Ihr Geld kaum besser verzinst als auf Opas magerverzinslichem Sparbuch. Mit Arbeitnehmersparzulage und Prämie kann sich die Bausparrendite indes sehen lassen.

Die Landes-Bausparkasse im westfälischen Münster zum Beispiel rechnete im Frühjahr 1990 vor, daß die Bausparrendite inklusive der diversen Bonner Boni bis auf 7,3 Prozent jährlich klettert. Die Rechnung setzt allerdings voraus, daß der Bausparer die übliche Sperrfrist von sieben Jahren nicht unterbricht. Kündigt er vorher, muß er die üblichen Zulagen nämlich in den Wind schreiben.

Wer die müden Renditen des Bausparvertrages beklagt, darf indessen die Sollseite nicht vergessen. Bei Zuteilung des Vertrags erhalten die Sparer ein Darlehen zu besonders günstigen Konditionen: Da liegt der Bausparzins deutlich unter den Zinsen, die die Hypothekenbanken oder die Versicherer in Rechnung stellen. Freilich legen die Bausparkassen großen Wert auf rasche Tilgung: Im Normalfall sind Sie Ihre Schulden beim Bausparen nach etwa elf bis zwölf Jahren wieder los. Wer es so schnell nicht mag oder kann, muß auf Sondertarife umsteigen, bei denen die Tilgung gestreckt wird.

Auch das darf bei einer Bauspar-Betrachtung nicht vergessen werden; Bausparen ist hierzulande derzeit die einzige vom Staat geförderte, risikolose Sparform. Die große Gruppe der vermögenswirksamen Sparer kommt am Bausparvertrag deshalb eigentlich nicht vorbei. Arbeitnehmersparzulage kassiert zwar auch, wer in Unternehmensbeteiligungen, also etwa in Aktien oder Aktienfonds, investiert. Wenn Sie jedoch Pech haben und mit Ihren Beteiligungen in die Miesen geraten, taugt die Zulage allenfalls dazu, Ihre Verluste auszugleichen. Auf keinen Fall können Sie mit sicherem Profit rechnen.

Achten Sie bei Vertragsabschluß weniger auf die Zinsen als auf die Wartezeiten bis zur Darlehenszuteilung. Da gibt es von Kasse zu Kasse erhebliche Unterschiede. Haken Sie unbedingt nach, wenn der Vertreter Ihren Fragen nach der Wartezeit ausweicht. Und zahlen Sie nicht jede Abschlußgebühr. Üblicherweise berechnen die Bausparkassen ein Prozent, einige versuchen aber auch, noch mehr aus Ihnen herauszuholen: bis zu 1,6 Prozent. Die Gebühr steht zu einem großen Teil dem Vermittler zu, nur ungern wird er bereit sein, mit Ihnen darum zu feilschen. Versuchen sollten Sie es trotzdem.

Investmentfonds

Anlageideen für jedermann

Anfang 1990 standen den rund 600 erwähnenswerten deutschen Aktien rund 260 Publikumsfonds gegenüber. Dazu kamen noch beinahe 1500 sogenannter Spezialfonds. Das sind Investmentfonds für Unternehmen. In der EG buhlten gar mehr als 8500 Fonds um die Gunst der Sparer. Die Zahl der Investmentfonds und die Bedeutung der Investmentbranche nehmen ständig zu. Ohne die Gemischtwertehändler wäre das deutsche Kursniveau sicherlich nicht so hoch wie heute.

Doch auch die Ratlosigkeit der Investmentanleger wächst. Einst mit dem Ziel angetreten, für den Anleger aus einer Vielzahl von Wertpapieren die richtigen herauszusuchen, stellen ihn nunmehr die Fonds selber vor die Qual der Wahl. Die Investmentanlage ist damit genauso erklärungsbedürftig geworden wie zum Beispiel die Aktienanlage. Zudem strömen neuerdings auch ausländische Angebote nach Deutschland, bei ihnen blicken die deutschen Anleger meist noch weniger durch.

Fest steht andererseits: Die Investmentidee kommt an, wenn auch der Groll der Anleger über die schlechten Anlageergebnisse der siebziger Jahre noch tief sitzt. Von Ende 1969 bis Ende 1979 legte zum Beispiel der Aktienfonds Concentra des Deutschen Investment-Trust (DIT) in Frankfurt, der Fondsgesellschaft der Dresdner Bank, um ganze 19,8 Prozent zu. Doch die achtziger Börsenjahre und das wachsende Können der Manager konnten die Anleger inzwischen wieder versöhnen. Wiederum der Concentra: Allein 1989 legte er um 46 Prozent zu, Ende 1989 schloß er seine Zehnjahres-Bilanz mit einem Plus von sage und schreibe 360,8 Prozent.

Ebenfalls nicht schlecht: die Rentenfonds. Der von Ende 1979 bis Ende 1989 beste Fonds mit deutschen Rentenwerten, der Oppenheim Spezial I, lag in diesem Zeitraum um stolze 140,5 Prozent vorne. Die Rentenfonds haben den Aktienfonds beim Absatz inzwischen klar den Rang abgelaufen, auch die Immobilienfonds können nicht mithalten. Anfang 1990 verwaltete die Branche ein Fondsvermögen von 230 Milliarden Mark, noch Ende 1970 waren es bescheidene 10,5 Milliarden Mark gewesen. Keine Frage also: Die deutsche Fondsindustrie ist eine Wachstumsbranche.

Fondsanteile erhalten Sie bei allen Banken und Sparkassen, außerdem bei den Investmentgesellschaften (siehe Adressenteil Seite 170 ff.). Ganz wichtig: Jedes Institut hat seine hauseigenen Fonds-Offerten. Und nur die wird es Ihnen anbieten. Es bedarf schon eines Revolvers, so die Branche, um bei der Dresdner Bank einen Fonds der Deutschen Bank zu bekommen. Wenn Sie also einen Fonds etwa aus dem Hause der Deutschen Bank (besser ihrer Fondsfirma, der DWS, Deutsche Gesellschaft für Wertpapiersparen in Frankfurt) kaufen wollen, wenden Sie sich am besten gleich direkt an diese Bank oder ihre Tochter DWS.

Bares von den Fonds gibt es, außer bei den sogenannten thesaurierenden Fonds (Thesaurierung = Anhäufung von finanziellen Überschüssen), einmal jährlich. Die Ausschüttungen setzen sich zusammen aus den sogenannten ordentlichen Erträgen (Dividenden, Zinsen oder – bei den

Immobilienfonds – Mieten) und außerordentlichen Erträgen wie Veräußerungsgewinnen oder etwa Erlösen aus dem Verkauf von Bezugsrechten. Weil die meisten Sparer insbesondere Wert auf Bares legen, neigten manche Fondsmanager lange Zeit dazu, die Ausschüttungen mit außerordentlichen Erträgen aufzupäppeln. Die Folge: Die Anteilpreise magerten zusehends ab, weil die Auszahlungen zu Lasten der Substanz gingen. Hohe Fondsausschüttungen sind also keineswegs gleichzusetzen mit hoher Rendite. Im Gegenteil: In guten Zeiten kann eine hohe Ausschüttung den Erfolg des Investmentsparens sogar beeinträchtigen. Denn der ausgeschüttete Teil des Fondsvermögens ist von allen künftigen Preissteigerungen an den Wertpapier- oder Immobilienmärkten ausgeschlossen.

Weder beim Kauf noch beim Verkauf von Fondsanteilen fällt Börsenumsatzsteuer an. Wer Fondsanteile innerhalb von sechs Monaten kauft und wieder verkauft, muß den Veräußerungsgewinn versteuern. Packt der Fonds Gewinne aus dem Verkauf von Aktien, Renten, Immobilien oder Bezugsrechten in die Ausschüttung, bleiben sie steuerfrei. Dividendeneinnahmen, Zinsen oder Mieten sind in voller Höhe steuerpflichtig. Entsprechend weist der Fonds für die Anleger jeweils aus, welcher Anteil der Ausschüttung steuerfrei und welcher steuerpflichtig ist. Übersteigen die steuerpflichtigen Einnahmen aus Kapitalvermögen Sparerfreibetrag und Werbungskostenpauschale, sind sie auch dann zu versteuern, wenn der Anleger kein Bargeld sieht, der Fonds also keine Ausschüttung zahlt. Genauere Angaben enthält das jährliche Steuerinformations-Blatt des Bundesverbandes Deutscher Investment-Gesellschaften (BVI) in Frankfurt (Tel. 069/1540900), das Sie dort kostenlos abrufen können.

Die ausschüttungslosen Fonds sind beim Anleger zwar nicht sonderlich beliebt. Aber sie bieten einen nicht zu unterschätzenden Vorteil: Bei ihnen entfällt das »Kuponschnippeln«, weshalb die Thesaurierer neuerdings ein bißchen mehr in Mode kommen. Vor allem die Anleger, die das bei Investmentfonds sehr gepflegte sogenannte Tafelgeschäft nutzen (sie nehmen die Anteile mit nach Hause), wissen dieses Bonbon zu schätzen.

Bei den Deutschen gilt Bernie Cornfeld, so eine Branchen-Untersuchung, als der Mann, der das Investmentsparen bekannt machte. Tatsächlich hat die Branche dem Finanzjongleur, der mit seinen Fonds Tausende von Anlegern um Millionen prellte, im nachhinein sogar zu danken. Denn seit den negativen Erfahrungen mit Bernies Fondsfirma IOS Ende der 60er und Anfang der 70er Jahre unterliegt das Fondsangebot strengsten staatlichen Kontrollen. Vor allem das Bundesaufsichtsamt für das Kreditwesen in Berlin überwacht die Einhaltung der rigorosen Investment-Gesetzgebung.

Eine wichtige Kontrollfunktion kommt auch der Depotbank zu. Sie verwahrt zum Beispiel die Wertpapiere der Fonds, organisiert die Ausgabe und Rücknahme der Anteilscheine, berechnet ihre Preise und kümmert sich um die Ausschüttungen. Letztlich steht sie dafür ein, daß die Gelder nicht in falsche Hände geraten, sondern im Konkursfall der Fondsgesellschaft an die Anleger ausgezahlt werden.

Üblicherweise versuchen die Manager, ihre Sparer solange wie möglich bei der Stange zu halten. Selbst die Ausschüttungen sollen möglichst sofort wieder in weiteren Anteilen angelegt werden. »Wir sehen das in unserer Firmenphilosophie so, daß wir eine längerfristige standar-

disierte Vermögensverwaltung betreiben wollen und
nicht das wertpapiernahe Spekulationsgeschäft«, wehrt
zum Beispiel die Geschäftsführung von Deutschlands älte-
ster Fondsfirma, der Allgemeinen Deutschen Investment-
Gesellschaft (Adig), Anleger ab, die mit Fonds die schnelle
Mark zu machen hoffen. Das Bundesaufsichtsamt für das
Kreditwesen in Berlin verbietet den Fondsleuten sogar,
mit kurzfristig günstigen Ergebnissen ihrer Investment-
Zertifikate zu werben.

Doch Vorsicht: Der dauerhafte Investment-Besitz nutzt
vor allem den Managern. Wer verkauft, schmälert nämlich das Fondsvermögen und damit die Verwaltungsge-
bühren, die von der Höhe der betreuten Kundengelder
abhängen. Nicht ohne Grund schätzt die risikostreuende
Zunft daher jene Sparer, die regelmäßig ein paar hundert
Mark oder einmalig eine größere Summe in den großen
Investment-Topf einzahlen, brav die Ausschüttungen
reinvestieren und ihre Anteile ansonsten im Depot
schlummern lassen. Für die Anleger kann dieses Verhalten freilich ins Auge gehen.

Wer mit Wertpapierfonds erfolgreich sein will, sollte
unbedingt nach längeren Aufwärtsphasen am Aktienmarkt auch wieder einmal aussteigen – das heißt dann
antizyklisches Verhalten –, denn die nächste Baisse
kommt bestimmt. Beim ersten Baisse-Signal sollten selbst
jene Sparer Kasse machen, die regelmäßig einen gleichbleibenden Betrag investieren. Es hat keinen Sinn, mit
dem angesparten Fondskapital langfristig in die Baisse zu
fahren. Sinnvoll kann langfristiges Investmentsparen allerdings sein, falls der Anleger innerhalb einer bestimmten Frist bereit ist, die Anlageform zu wechseln, also
beispielsweise von einem Aktien- in einen Rentenfonds

umzusteigen. Diese Strategie liegt vor allem dann nahe, wenn hohe Zinsen und Renditen am Anleihemarkt auf die Aktienkurse drücken.

Üblicherweise liegen die Preise der Wertpapiere für den Normalverbraucher zwischen ein paar Zehnmarkscheinen und wenigen Hundertern. In der Spitzengruppe werden mittlerweile Preise erreicht, die Sie auch für Bayer oder Mannesmann zahlen müssen. Niedrige Anteilpreise besagen zunächst nur, daß die Investmentgesellschaft viele Anteile ausgegeben hat. Je größer die Zahl der Anteile, desto niedriger bei gegebenem Fondsvermögen der Anteilwert. Die börsentäglichen Notierungen finden Sie in allen größeren Tageszeitungen. Die Equity & Law Fondsmanagement Gesellschaft für Kapitalanlagen mbH in Wiesbaden, eine Tochter des englischen Versicherers Equity & Law, bietet sogar einen täglichen Kursansagedienst mit Kommentar (Tel. 06121/795379).

Bei den Immobilienfonds ändern sich die Preise übrigens nicht börsentäglich. Grund: Die Gesellschaften können nicht jeden Tag die Immobilien neu bewerten. Mindestens einmal im Monat muß der Preis aber neu festgesetzt werden. Üblich sind zwei Stichtage – die Monatsmitte und der Monatserste. Weil die Preise stetig anziehen, zahlen Anleger, die am Ersten einsteigen, einen höheren Preis als diejenigen, die am vorangegangenen Monatsende zugreifen.

Haben Sie Fragen, wenden Sie sich am besten an Ihre Hausbank oder Fondsgesellschaft. Oder lesen sie regelmäßig *Capital*. Auskunft gibt aber auch der bereits erwähnte BVI in Frankfurt. Die Frankfurter verfügen über eine ebenso schnelle wie hilfsbereite Truppe. Vergessen Sie aber nicht: Der BVI vertritt primär nicht Ihre Interessen,

sondern die seiner Mitglieder, also der Fondsgesellschaften. Kurzum: Der BVI ist die – sehr rührige – Lobby des
Gemischtwertehandels.

Aktienfonds

Von allen Investmentfonds machen die Aktienfonds die
größten Sprünge. Gut 477 Prozent Profit brachte zum
Beispiel der FT Nippon Dynamik Fonds in den zehn Jahren
per Ultimo 1989. Eine, wie die Profis sagen, Super-Perfor-
mance! Der Renner stammt aus dem springlebendigen
Angebot des der BHF-Bank in Frankfurt nahestehenden
Frankfurt-Trust.
Freilich holte der flotte Fonds seinen Profit im Ausland.
Was nicht gegen die rein deutschen Fonds spricht, die
mit AEG oder Veba auskommen müssen. Die meisten
können den jenseits der schwarz-rot-goldenen Grenzen
operierenden Konkurrenten inzwischen das Wasser rei-
chen.
So kam im gleichen Zeitraum der beste Fonds mit Anlage-
schwerpunkt Deutschland auf einen ebenfalls satten
Mehrwert von 445 Prozent. Sein Name: SMH-Special-
Fonds I aus dem Hause Schröder Münchmeyer Hengst
Investment GmbH in Frankfurt. Dieser Fondsverwalter
macht übrigens seit Jahren eine sehr gute Figur. Aber auch
noch der letzte im auf den deutschen Markt spezialisierten
Fondsangebot braucht sich nicht zu verstecken: Der MK
Alfakapital der Münchner Kapitalanlage Aktiengesell-
schaft (eine der wenigen Fondsgesellschaften in der
Rechtsform der AG) spielte den Anlegern in zehn Jahren
den stolzen Gewinn von 251 Prozent ein. Das kann auch

die beste Bundesanleihe des deutschen Finanzministers nicht bieten.

Bei Vergleichen mit den diversen Indices müssen Sie berücksichtigen, daß in einige dieser Kurs-Barometer keine Dividendenzahlungen eingehen. Die Fondsmanager dagegen vereinnahmen die Ausschüttungen und erhöhen auf diese Weise Fondsvermögen, Anteilpreis und nicht zuletzt Performance. Da fällt es nicht schwer, bei Vergleichen mit dem Index besser auszusehen.

Vergessen Sie auch nicht, daß Ihnen die Fondsverwalter beim Erwerb von Investmentanteilen happige Gebühren abknöpfen. Besonders kräftig langen sie bei den Aktienfonds zu. Üblich sind Spesen um die fünf Prozent. Wenn Sie also pro Anteil 100 Mark bezahlen müssen, bleiben davon fünf Prozent beim Verwalter, oder besser seinen Vermittlern, hängen. Wenn Ihnen Ihre Bank zum Kauf von Investmentanteilen rät, kommt Sie dieser Rat – entgegen anderslautenden Werbesprüchen der Geldhäuser – mithin teuer. Denn am nächsten Tag – so Sie wieder Kasse machen würden – gäbe es nur 95 Mark pro Anteil zurück. Die Differenz von Ausgabepreis und Rücknahmepreis streicht größtenteils die Sie beratende Bank ein. Deshalb: Versuchen Sie, mit Ihrer Bank zu handeln und zu verhandeln, wenn es um Investmentanteile geht. Nicht wenige Berater lassen, wenn der anzulegende Betrag nur hoch genug ist, mit sich reden.

Die Fonds mit deutschen Aktien geraten, was ihre Beliebtheit angeht, schon seit Jahren ins Hintertreffen. Aktienfonds, die sich weltweit tummeln, sind die große Mode. In der Tat: Wer seine Chancen mehren will, darf sich nicht mit rein deutschen Fonds zufrieden geben. Der Zahl nach übertreffen deshalb die im Ausland operierenden Fonds die rein deutschen Spielarten mehr als deutlich. Das große Plus dieser global disponierenden Offerten: Sie haben erstens bessere Möglichkeiten, was die Aktienauswahl angeht. Denn Gold- oder Ölaktien beispielsweise sind hierzulande Mangelware. Zweitens kommen zu den erhofften Kursgewinnen bei den Internationalen mehr als einmal noch Währungsprofite. Wenn die IBM-Aktie monatelang bei 100 Dollar auf der Stelle vor sich hindümpelt, kann Ihnen ein um 20 Prozent steigender Dollar gleichwohl ordentliche Rendite ermöglichen. Freilich: Auch Währungsverluste sind drin. Wer auf die Vereinigten Staaten spezialisierte Fonds kaufte, als der Dollar noch mehr als drei Mark kostete, ist mit dem Erfolg seiner Investmentanlage womöglich nicht ganz zufrieden.

Auch bei den weltweit operierenden Aktienfonds gibt es neuerdings eine Steigerung: Aktienfonds, die sich auf ein paar wenige, dafür aber besonders zukunftsträchtige Branchen oder aussichtsreiche Anlageräume spezialisieren, die sogenannten Spezialitätenfonds.

Den Anfang machte 1982 die Union-Investment. Sie modelte ihren Unispecial so weit um, daß ein völlig neues Produkt entstand: ein auf Goldminenaktien ausgerichteter Fonds, der aber zur Beimischung auch Silber- und Platinwerte ins Portefeuille nehmen kann. So groß war die Nachfrage nach dem neuen Goldfonds, daß die Union zeitweilig die Anteilausgabe einstellte. Denn die laut Satzung vorgeschriebene Umlaufgrenze von maximal einer Million Anteilen durfte damals nicht überschritten werden.

Von Anfang an offen sind die Neuschöpfungen, mit denen die Union-Konkurrenz nachzog: Energie-, Rohstoff- und Technologiefonds, die bevorzugt in den USA spekulieren, aber auch auf den pazifischen Anlageraum spezialisierte Konstruktionen. Gemeinsamkeit aller Spezialitätenfonds: aggressive Anlagestrategien, mit denen die Fondsverwalter den dynamischen Anleger ansprechen wollen.

Der Anteilinhaber sei zu einer größeren Beweglichkeit aufgefordert in dem Sinne, daß er rechtzeitig aus- oder umsteigt, wenn die Marktentwicklung das verlangt, heißt es zum Beispiel bei der DWS. Denn klar ist: Wer seine Chancen verbessern will, indem er sich auf Branchen oder Länder spezialisiert, der riskiert überdurchschnittliche Einbußen, wenn gerade diese ausgewählten Papiere Rückschläge hinnehmen müssen. Die Fans der Spezialitäten wissen mittlerweile, daß die weltweite Spezialisierung ihren Preis hat: Die deutsche Aktienhausse ging an den Neuen oft spurlos vorbei. Während Deutschlands Aktienkurse explodierten, rutschten manche Spezialitäten ins Minus. Beweis: Der DWS-Technologiefonds beschloß das Jahr 1989 mit einem blamablen Minus von 3,6 Prozent. Und wer fünf Jahre zuvor, also Ende 1984, einstieg, durfte sich über einen Wertzuwachs in Höhe von peinlichen 0,1 Prozent ärgern.

Länderfonds

Der schnellste Fonds mit deutschen Aktien, so tönte der Bundesverband Deutscher Investment-Gesellschaften in seiner Hitliste für 1989, war mit einem Plus von 54,7 Prozent der DIT-Fonds für Vermögensbildung. Denkste! Gleich mehrfach profitabler als die heimischen Offerten von Adifonds bis Unifonds erwies sich ein an der New York Stock Exchange gehandelter Deutsch-Amerikaner.

Zu Beginn 1989 noch lahm wie eine Schildkröte, schoß der von *Capital* im Oktober 1989 bei rund neun Dollar empfohlene Germany Fund anschließend wie eine Rakete nach oben: Weil es im Osten spannender zuging als im Westen, katapultierte hektische Nachfrage den Anteilpreis um mehr als 100 Prozent in die Höhe. Für 1989 insgesamt addierte sich der Profit in Dollar auf satte 157 Prozent, in Mark auf 144,8 Prozent.

»Deutschland steht bei den Amerikanern derzeit sehr hoch im Kurs«, analysierte das Fondsmanagement den dreistelligen Mehrwert, »die kaufen wie verrückt.« Prompt schoben die Manager eine weitere Tranche (= Teilabschnitt einer Wertpapieremission) des Überfliegers made in Germany nach, im neuen Jahr gab es dann den New Germany Fund. Auch er ging weg wie warme Semmeln.

Germany Fund und New Germany Fund gehören zur neuesten Spezies der Spezialitätenfonds, den sogenannten Länderfonds. Sie werden auch von den heimischen Investmentgesellschaften angeboten. Der Deutsche Investment-Trust DIT zum Beispiel, die Fondstochter der Dresdner Bank, lockt mit jeder Menge Länderfonds, angefangen beim DIT-Fonds Frankreich bis hin zum DIT-Pazifikfonds. Mit viel Werbeschall schickte daneben Groß-Konkurrent DWS etwa den DWS Iberia-Fonds oder den DB Tiger Fund ins Rennen. Der Fonds mit dem Raubtier legt das Geld der Anleger vorrangig in den neuen Industrienationen Asiens, den sogenannten Tigerstaaten Hongkong, Singapur, Malaysia, Thailand, Süd-Korea, Taiwan und Indien an. Bei der Allgemeinen Deutschen Investment-Gesellschaft Adig in München, dem Fondsladen von Commerzbank und Bayerischer Vereinsbank, soll der Adiasia (ein Fonds mit asiatischen und australischen Wertpapieren) das große Geschäft bringen, die Adig setzt aber auch auf ihren Fondamerika, der sich in den USA, Kanada und sogar Mexiko tummelt.

Der Ausflug in die Fremde kann lohnen. So erzielte der DIT-Fonds Iberia 1989 ein Plus von 16,5 Prozent. Andererseits hat etwa der Australien-Pazifik-Fonds der Nordinvest in Hamburg (dahinter steht die Vereins- und Westbank) im gleichen Jahr mit einem bescheidenen Zuwachs von 3,5 Prozent die Gewinnschwelle nur denkbar knapp überschritten. Noch enttäuschender die 5-Jahres-Bilanz: Der schlappe Hamburger trudelte, sämtliche Ausschüttungen voll berücksichtigt, um exakt 13 Prozent ins Minus.

Keine Frage, Länderfonds eignen sich nur für bewegliche Anleger, die ihr Depot um ein Engagement an einer interessanten Börse ergänzen möchten. Gegen eine einseitige Anlage in Länderfonds spricht erstens: Da sie alles auf eine Karte setzen, schreiben diese Fonds das Prinzip der Risikostreuung klein. Zweitens spekulieren sie in fremden Währungen. Und auf die ist, wie der Fall des Dollar beweist, absolut kein Verlaß. Drittens lassen die Profis, wenn eine Spekulation mal danebengeht, den Anleger in aller Regel allein. Vor allem raten sie niemals zum Verkauf von ausgereizten Fondsanteilen: Der nämlich reduziert, wie bereits gesagt, das Fondsvermögen und die davon abhängigen Verwaltergebühren.

Vorsichtige Anleger setzen deshalb den Löwenanteil ihres Geldes besser auf jene althergebrachten Fonds, die sich auf dem gesamten Globus tummeln. »Die mindern das Risiko erheblich«, urteilt Horst Zirener, Geschäftsführer der Deutschen Kapitalanlagegesellschaft in Frankfurt. Die

Wertpapier-Investmentgesellschaft der Sparkassen bietet deshalb keinen Länderfonds, sondern lediglich einen weltweit streuenden Aktienfonds an.

Ein Schmankerl besonderer Art ist übrigens der auf weißblaue Papiere ausgerichtete DWS Fonds Bayern-Spezial der Deutschen Gesellschaft für Wertpapiersparen: In den fünf Jahren per Ultimo 1989 legte der flotte Bajuware 78,7 Prozent zu, 1989 allein reichte es für eine Wertsteigerung von 29,4 Prozent.

Die von deutschen Fondsgesellschaften offerierten Länderfonds sind allesamt offene Fonds, es gibt also keinerlei Anteilbeschränkung. Bei den Länderfonds aus den Vereinigten Staaten, zu denen auch der Germany Fund zählt, handelt es sich dagegen um geschlossene Fonds: Der Fondsverwalter beschränkt den Anteilumlauf auf eine fest vorgegebene Zahl, anders als bei der offenen Variante werden bei neuer Nachfrage keine weiteren Zertifikate ausgegeben.

Unterschied Nummer zwei: Die amerikanischen Länderfonds notieren meist an der New York Stock Exchange, sind also Aktien. Das führt dazu, daß der Kurs erheblich vom inneren Wert, auch Inventarwert genannt, abweichen kann. Hohe Nachfrage und rege Phantasie bewirkten beispielsweise beim Germany Fund zeitweilig einen Aufschlag von mehr als 100 Prozent. Solche aufgeblähten Länderfonds sollten vorsichtige Anleger besser meiden.

Die Gefahr bei Länderfonds mit hohem Aufgeld: Kommt die Baisse, sackt erstens der Inventarwert. Zweitens baut sich in der Flaute das Aufgeld (Agio) ab. Wenn schon geschlossene Länderfonds, dann also nur solche mit Rabatt, also Länderfonds, bei denen sich wegen der Skepsis des Marktes ein sogenanntes Abgeld (Disagio) einstellt.

Länderfonds

Fonds	Börse	Vermögens-wert pro Anteil (in US-Dollar)	Börsen-kurs (in US-Dollar)	Prämie/Abschlag (in Prozent)
Asia Pacific	NYSE	15,38	16¼	+05,81
Brazil	NYSE	20,12	13¾	−31,66
First Australian	AMEX	9,65	9	−06,83
First Iberian	AMEX	9,74	12⅝	+29,62
Germany Fund	NYSE	12,53	16½	+31,68
Helvetia Fund	NYSE	12,72	13⅛	+03,18
Italy Fund	NYSE	12,85	13¼	+03,11
Korea Fund	NYSE	17,99	37⅜	+52,17
Malaysia Fund	NYSE	14,54	18⅝	+28,09
Mexico Fund	NYSE	13,17	13⅛	−00,34
Scudder New Asia	NYSE	17,16	13¼	−22,79
Spain Fund	NYSE	12,79	22⅛	+74,91
Taiwan Fund	NYSE	25,46	27⅛	+06,54
Thai Fund	NYSE	17,15	26⅛	+52,33
Temp.-Emerg.	AMEX	14,19	14⅛	−00,96
Unit. Kingdom Fund	NYSE	10,54	9¼	−12,24

NYSE = New York Stock Exchange; AMEX = American Stock Exchange
Stand: Frühjahr 1990

Rentenfonds

Wem Aktienfonds und erst recht die Spezialitätenfonds zu heiß sind, der muß sich der sichereren Variante des Investmentsparens zuwenden, den Anleihen- oder Rentenfonds.

Auch die Rentenfonds nehmen Ihnen viel Arbeit ab. Denn das Renten-Einmaleins will ebenfalls gelernt sein. Zu groß ist nämlich die Auswahl am Markt für festverzinsliche Wertpapiere. Allein am Frankfurter Platz werden mehrere tausend Zinspapiere amtlich notiert. Da gibt es

Lang- und Kurzläufer. Oder niedrigverzinsliche Titel mit hoher Rendite oder Hochprozenter mit niedriger Rendite. Es muß unterschieden werden zwischen Pfandbriefen und Kommunalobligationen, zwischen Industrieanleihen, Wandelobligationen und Optionsanleihen. Auch gibt es Jahres- und Halbjahreskupons und dabei wieder unterschiedliche Zinstermine: die großen Kupontermine im Januar und Juli und die kleineren etwa im April und Oktober. Am Rentenmarkt notieren neben reinen Inlandsanleihen noch die DM-Ausländer, denen wiederum stehen auf fremde Währungen lautende Papiere zur Seite. Die bieten außer Maxi-Zinsen auch Maxi-Risiken. Schließlich müssen Sie sich mit Zinstiteln befassen, die keine Zinsen und doch hohe Rendite abwerfen – den sogenannten Zerobonds. Und was nur sind Floater?

Probleme über Probleme also. Sie alle lösen die diversen deutschen Rentenfonds. Verwalten Sie deshalb auch Ihr Rentenportefeuille nicht länger selber, lassen Sie es verwalten. Weit mehr als 100 Rentenfonds bieten hierzulande ihre Dienste an, z. B. der größte deutsche Fonds, der Inter-Renta der DWS. Auch beim Investmentsparen geht den Deutschen also Sicherheit vor Reibach. Wobei sich die Rendite, auch wenn sie mit der der Aktienfonds auf Dauer nicht mithält, sehen lassen kann. So erwirtschaftete der Inter-Renta von 1979 bis 1989 ein Plus von 152,4 Prozent. Er gehört zu den Rentenfonds, die auch im Ausland auf Zinsjagd gehen.

Steigen die Zinsen und fallen deshalb die Anleihenkurse, kommen allerdings auch die Rentenfonds ins Trudeln. Vorbei ist es dann mit Großvaters Altersweisheit, daß gut schlafen kann, wer Renten kauft. Gelegentlich geraten die

Rentenfonds in solchen Phasen sogar ins Minus. So geschehen 1989, zumindest bei einigen. Die Verwalter des OP-Rendakta aus Köln beispielsweise mußten eine Lücke von exakt einem Prozent eingestehen.

Davor sollen die sogenannten K-Fonds schützen, wobei K für Kurzläufer steht. Damit angefangen hat die Deka Deutsche Kapitalanlagegesellschaft in Frankfurt, die Wertpapier-Investment-Tochter der Sparkassen. Sie kam bereits im November 1983 mit ihrem DekaTresor auf den heiß umkämpften deutschen Investmentmarkt. »Daß unser Neuer beim Publikum so gut ankommen würde, haben wir nicht erwartet«, verriet damals die Deka-Geschäftsführung. Ihrer Kreation folgten mittlerweile andere K-Fonds, die alle wie folgt funktionieren:

Die Mittelzuflüsse leiten die Gelddisponenten unmittelbar in Rentenpapiere mit vergleichsweise kurzen Laufzeiten. Denn die besagten Fonds spezialisieren sich auf die sogenannten Kurzläufer des Anleihemarktes, die also kurzfristig zu 100 Prozent zurückgezahlt werden. Das Kursrisiko ist daher für den Anleger minimal. Die quickeste Variante des deutschen Investment-Geschäfts, so warb etwa der DIT Deutscher Investment-Trust in Frankfurt, eigne sich vor allem für »Anleger, die auch bei einer eher kürzerfristigen Anlage die Chancen eines gemanagten Portefeuilles nutzen wollen, sowie für Anleger, die von ihrer Risikobereitschaft her grundsätzlich eine kursstabilere Anlage bevorzugen«.

Der Preis der Sicherheit: bescheidene Renditen. Der DekaTresor zum Beispiel kam 1989 nicht über eine Wertsteigerung von 4,3 Prozent hinaus. Von 1984 bis 1989 gelang ihm ein Profit von 30 Prozent. Spektakuläre Renditen darf der Anleger nicht erwarten, warnte *Capital* und verwies auch auf die hohen Ausgabespesen: Die Fondsverwalter kassieren bei den kurzen Fonds bis zu 2,5 Prozent Ausgabeaufschlag ab.

Mittlerweile hat sich das geändert. Bei ihrem neuen K-Fonds, dem seit Frühjahr 1990 öffentlich vertriebenen DekaLux-Flex, stellt die Deka lediglich 0,5 Prozent Ausgabeaufschlag in Rechnung. Nicht zuletzt das mache, so locken die Sparkassen-Leute, den DekaLux-Flex auch interessant für die »Zwischenanlage von kurzfristig freien Geldern: Die Anlage hat quasi Tagesgeld-Charakter.« Sie eignet sich also – heute rein, morgen raus – für ganz besonders quicke Investmentsparer.

Liegen die Zinsen hoch, bringen die Kurzläufer-Fonds durchaus ansehnliche Gewinne. Im Frühjahr 1990 waren zum Beispiel mehr als 8 Prozent p. a. drin. Gehen die Zinsen dagegen auf Talfahrt, schneiden Sie mit den traditionellen Fonds um einiges besser ab. Denn die profitieren bei fallenden Zinsen von steigenden Kursen.

Gemischte Fonds

Wenn Sie sich weder für einen Aktienfonds noch für einen Rentenfonds entscheiden können, kaufen Sie am besten beide: einen gemischten Fonds.

Bei dieser Konstruktion hat die Fondsverwaltung die Möglichkeit, je nach Konjunkturaussichten oder Börsenlage von überwiegender Aktienanlage in überwiegende Rentenanlage und umgekehrt umzuschichten und damit den Fonds der wechselnden Situation weitestgehend anzupassen. Bei den gemischten Fonds, wie zum Beispiel dem bereits 1950 aufgelegten Fondra der Adig, nehmen die

Manager dem Anleger also auch noch das jederzeit mögliche Umschichten ab.

Droht eine Baisse am Aktienmarkt, weichen die Manager also auf den Rentenmarkt aus. Außerdem können sie einer drohenden Aktienbaisse oft auch dadurch vorbeugen, daß sie etwa auf ausländische Aktienmärkte überschwenken. Mit dieser auf Sicherheit bedachten Anlagestrategie erzielten Deutschlands Gemischtwertehändler in der zurückliegenden Hausse des Aktienmarktes immer noch ansehnliche Resultate: Die Ergebnisse der Mischfonds schwankten in der Zwölfmonatsbilanz per Ende Dezember 1989 zwischen 3,0 und 36,7 Prozent.

Die reinen Aktienfonds machten zwar noch erheblich größere Sprünge; auch langfristig schneiden sie dank Aktienhausse besser ab. Doch kann sich auch der beste Mischfonds mit einer Zehnjahresbilanz von 333,1 Prozent sehen lassen. Fallen andererseits die Aktienkurse, wirkt das Renten-Portefeuille wie eine Risikobremse. In Baisse-Zeiten am Aktienmarkt schneiden die Mischfonds mithin allemal günstiger ab als die reinen Aktienfonds – falls die Manager spuren . . .

Immobilienfonds

Wenn Ihnen auch die gemischten Aktien- und Rentenfonds nicht liegen. Bitteschön: Kaufen Sie Immobilienfonds. Die sind zwar nicht besonders aufregend. Doch von ein paar unschönen Ausrutschern abgesehen, kann der kleingestückelte Grundbesitz das noch viel biederere Sparbuch allemal schlagen. Zwölf Offerten stehen inzwischen zur Auswahl.

Anteile offener Immobilienfonds werden, falls nicht gerade eine ausgeprägte Flaute am Grundstücksmarkt dazwischenkommt, Jahr für Jahr teurer. Den Difa-Fonds Nr. 1 der Deutschen Immobilien-Fonds AG in Hamburg beispielsweise führten die Fondsverwalter im Juli 1966 zum Preis von 100 Mark je Anteil ein; Ende 1989 lag der Ausgabepreis bei mehr als 181 Mark.

Der Grund für diese stetige, von keinerlei Nervenkitzel gestörte Aufwärtsentwicklung, die den Grundstücksfonds ihren Ruf als Langweiler eintrug, ist einfach: Weil den Fondsverwaltern kontinuierlich Mieten zufließen, steigen auch die Fondsvermögen und damit die Anteilpreise immer weiter an. Da die Manager in aller Regel indexierte Mietverträge abschließen, nehmen die Mieteinnahmen zudem stetig zu. Das wiederum erhöht den Ertragswert der Fondsobjekte. Er ergibt sich als ein Vielfaches der jährlichen Mieteinnahmen. Spitzenobjekte zum Beispiel werden gegenwärtig mit der 17fachen Jahresmiete bewertet.

Einmal im Jahr steht den Anlegern außerdem eine Ausschüttung zu. Sie setzt sich zusammen aus den ordentlichen Erträgen wie Mieten oder Zinsen und den außerordentlichen Erträgen wie Gewinn aus dem Verkauf von Fondsobjekten. Erst beide Größen zusammen, nämlich Anteilpreisveränderung zuzüglich Ausschüttung, machen den tatsächlichen Gewinn der Fondsanlage aus.

Er schwankte zum Beispiel 1989 zwischen 4,5 und 7,3 Prozent. Damit waren gute Immobilienfonds praktisch genausogut wie etwa Sparbriefe. Sogar besser. Denn die Zinsen des Sparbriefs müssen die Anleger voll versteuern, die Ausschüttungen offener Immobilienfonds unterliegen dagegen nur zum Teil dem Zugriff des Finanzamts. Gänz-

lich steuerfrei bleibt die Wertsteigerung des Immobilien-
vermögens.

Das besteht immer weniger aus reinen Wohngebäuden.
Die Manager der Grundstücksfonds erwerben vielmehr
zunehmend reine Gewerbe-Immobilien, also beispielsweise Bürogebäude, Supermärkte, Warenhäuser oder sogar ganze Einkaufszentren. Einige Manager riskieren
auch ausländische Engagements oder denken über Immobilien in der ehemaligen DDR nach. Und fast alle weichen
mangels attraktiver Immobilien auf den Rentenmarkt aus.
Nicht wenige Immobilienfonds verkommen auf diesem
Weg zu verkappten Rentenfonds. Gehen die Kurse am
Rentenmarkt in den Keller, ist deshalb auch mit den
Immobilienfonds kaum Staat zu machen.

Dennoch, offene Immobilienfonds verbinden die Sicherheit des Betongoldes mit stetiger Wertzunahme. Zweistellige Renditen werfen sie zwar selten ab. Und mehr als
98,5 Prozent Gewinn sprang selbst beim Branchenbesten,
dem Grundwert-Fonds 1, in zehn Jahren (per Ultimo
1989) nicht heraus. In den letzten fünf Jahren schaffte der
Grundwert sogar nicht mehr als 36 Prozent. Aber wirklich
im Keller landen Sie mit Grundwert oder Haus-Invest
wohl nie. Angst brauchen Sie mithin nicht zu haben, dafür
benötigen Sie Geduld: Immobilienfonds sind, anders als
Wertpapierfonds, Langzeit-Investments. Langzeit-Investments schon allein deshalb, weil Ihnen die Fondsverwalter happige Ausgabeaufschläge von mindestens fünf
Prozent abknöpfen. Damit ist im ersten Jahr Ihrer Anlage
nicht selten der ganze Profit perdu.

Investmentkonten

Aller guten Dinge sind drei. Sie können Fondsanteile
erstens mit nach Hause nehmen. Zweitens bleibt die
Möglichkeit, die Anteile wie Bundesschatzbrief oder
Volksaktie ins Depot zu stecken. Immer mehr Invest-
mentsparer bevorzugen Variante drei: Sie eröffnen ein
Investment- oder Anlagekonto. Es gibt noch weitere Be-
zeichnungen hierfür, die Sparkassenfonds der Deka zum
Beispiel blasen unter der Bezeichnung Zuwachskonto zum
Angriff auf Ihre Brieftasche.

Diese Investmentkonten bieten viele Vorteile. Ähnlich
wie beim Sparkonto können Sie jederzeit einzahlen oder
abheben. Über jede Kontobewegung erhalten Sie einen
Auszug. Die jährlichen Ausschüttungen werden zu Vor-
zugskonditionen in neuen Anteilen angelegt. Das ergibt
wie beim Sparkonto einen Zinseszinseffekt, der Ihr Anla-
geergebnis langfristig nachhaltig verbessert. Als Inhaber
eines Investmentkontos haben Sie zudem vielfach die
Möglichkeit, ebenfalls zu Sonderkonditionen von Fonds A
in Fonds B zu wechseln. Die Konten oder Pläne werden
darüber hinaus spesenfrei geführt. Sie zahlen also keine
Kontoführungsgebühren, auch keine Buchungs- oder
Portokosten.

Das folgende Verfahren haben Profis auch die mathematische Formel für Gewinn genannt. Der Anleger zahlt
regelmäßig auf ein Investmentkonto einen gleichbleibenden Geldbetrag ein, wofür ihm Anteile (und Bruch-
teile, auf drei Stellen hinter dem Komma) gutgeschrieben werden. Durch das regelmäßige Sparen erhält der
Sparer bei hohen Anteilpreisen weniger, bei niedrigen
Anteilpreisen mehr Anteile für den jeweils gleichen An-

lagebetrag. Das bedeutet unter dem Strich einen besonders günstigen durchschnittlichen Einstandspreis. Der Sparer bildet Vermögen unter Ausnutzung der Kursschwankungen der Wertpapiermärkte. Und er schont den Geldbeutel.

Diese Methode wird im angelsächsischen Sprachgebrauch als »cost averaging« bezeichnet, wobei die kommentarlose Übersetzung mit »Durchschnittskostensystem« nicht aussagekräftig genug wäre. Denn »cost averaging« garantiert ein besseres als nur durchschnittliches Abschneiden. Die Vorteile dieses logischen Systems lassen sich an einem

Wertentwicklung Anlageplan
(Einzahlung monatlich 100 DM*)

Zinssatz	Laufzeit (Jahre)				
	8	10	12	15	20
6%	12263	16331	20902	28839	45577
7%	12780	17208	22280	31298	51060
8%	13317	18137	23760	33994	57294
9%	13879	19120	25347	36951	64385
10%	14466	20161	27051	40192	72453
11%	15079	21262	28880	43746	81634
12%	15719	22427	30842	47643	92083
13%	16387	23660	32948	51916	103976
14%	17083	24964	35207	56601	117513
15%	17811	26344	37630	61736	132921
16%	18569	27803	40229	67364	150455
17%	19360	29346	43016	73532	170408
18%	20186	30978	46004	80291	193109
19%	21046	32702	49208	87696	218931
20%	21943	34525	52642	95806	248295

*) Zur Bestimmung der Wertentwicklung für monatliche Einzahlungen von 200, 300 DM usw. sind die DM-Angaben mit 2, 3 usw. zu multiplizieren.

Quelle: dbi/DIT Informationsverarbeitung

Anlage-preis in DM	Kauf von je 6 Anteilen		Regelmäßige Anlage von DM 150,–	
	Zahl der Anteile	Anlage-betrag in DM	Zahl der Anteile	Anlage-betrag in DM
30,–	6	180,–	5,000	150,–
20,–	6	120,–	7,500	150,–
15,–	6	90,–	10,000	150,–
12,50	6	75,–	12,000	150,–
10,–	6	60,–	15,000	150,–
17,50	6	105,–	8,571	150,–
25,–	6	150,–	6,000	150,–
35,–	6	210,–	4,286	150,–
40,–	6	240,–	3,750	150,–
45,–	6	270,–	3,334	150,–
	60	1500,–	75,441	1500,–
	1 Anteil = DM 25,–		1 Anteil = DM 19,88	

Quelle: Deka

einfachen Zahlenbeispiel veranschaulichen, in dem der regelmäßige, gleichbleibende Geldaufwand mit dem regelmäßigen Erwerb gleichbleibender Stückzahlen verglichen wird:

Der Gesamtanlagebetrag beläuft sich in beiden Fällen auf 1500 Mark. Während jedoch beim Kauf einer jeweils gleichen Stückzahl insgesamt nur 60 Anteile erworben werden, sind es bei der Anlage eines immer gleichen Betrages 75,441 Anteile. Folglich ist auch der Durchschnittspreis für einen Anteil bei Anlage nach dem »cost averaging« mit 19,88 Mark wesentlich niedriger als beim Kauf stets gleicher Anteilmengen. Aus dem Beispiel geht hervor, daß das System des »cost averaging« der anderen Anlagemethode überlegen ist. Der Prozentsatz der Überlegenheit (im Beispiel 25,7 Prozent) hängt von der

Schwankungshäufigkeit und der Schwankungsbreite der Anteilpreise ab.

Der sich mit Hilfe dieses Systems ergebende sehr günstige durchschnittliche Einstandspreis und der damit verbundene Erwerb von mehr Substanz haben eine praktische Auswirkung, die nicht unterschätzt werden sollte: Wenn bei fallenden Ausgabepreisen Investmentanteile gekauft werden, genügt am Ende der Sparperiode bereits ein relativ geringer Wiederanstieg der Anteilpreise, um für die Gesamtanlage aus der Verlustzone zu kommen und etwas später bereits Gewinne zu haben.

Wenn die Anteilpreise ständig schwanken, bleibt der Anleger in der Regel in der Gewinnzone, weil er ja bei hohen Preisen weniger kauft und bei niedrigen Preisen mehr Anteile für den gleichen Geldbetrag erhält. Ist der Anleger schließlich in einer Phase ständig steigender Kurse, hat er am Ende besonders hohe Gewinne, weil die anfangs zu niedrigen Anteilpreisen erworbene große Substanz infolge der Steigerungen schnell zu einem überdurchschnittlichen Wertzuwachs führt.

Auszahlpläne

Die Fondsmanager kennen das Rezept, Kunden zu gewinnen: Sie nehmen den Laien die Qual der Wahl, die Last der Entscheidung ab. Auch Auszahlpläne gehören zum Service der deutschen Fonds.

Die Vorteile des Renteninvestments sind bekannt: bewegliches Fondsmanagement, vergleichsweise kurze Restlaufzeiten der Portefeuillewerte, um den künftigen Risiken des Rentenmarktes vorzubeugen, Sonderkonditionen

beim Kauf von Neuemissionen, relativ hohe Ertragsaus-
schüttungen, jederzeitiges Rückgaberecht der Anleger.
Mehr und mehr spricht sich freilich auch ein anderer
Vorteil der Rentenfonds herum: Rentenfonds sind die
ideale Basis für Auszahlpläne. Wer eine bestimmte
Summe auf die hohe Investment-Kante legt, kann anschließend monatliche Renten beziehen. Als Normalfall
gilt die dauernde Rente, die das ursprüngliche Guthaben
nicht angreift. Das Anfangskapital sollte mindestens
20 000 DM betragen.

Von den Zinsen des Kapitals kann zwar auch leben, wer
direkt festverzinsliche Wertpapiere, also Rentenwerte,
erwirbt. Aber die Direktanlage am Rentenmarkt hat ihre
Tücken. Vor allem beschränkt sich die Zinszahlung lediglich auf die Kupontermine, auf die der Anleger keinen
Einfluß hat. Wirklich regelmäßige monatliche Einkünfte
aus der Direktanlage sind kaum realisierbar. Hinzu
kommt das bei der Direktanlage gegenüber den Rentenfonds erheblich größere Risiko, daß sich an die Substanz gehende Rückschläge – wie 1990 geschehen – ereig-
nen.

Die Mindestanlage bei Auszahlplänen kann auf verschiedenen Wegen erreicht werden. Gebräuchlich ist das längerfristige Ansparen. Aber auch größere Einmalanlagen,
etwa aus freigewordenen Lebensversicherungen, taugen
für einen Auszahlplan.

Da für die monatlichen Auszahlungen Investmentanteile
verkauft werden, ist es ratsam, die Auszahlsumme nicht
zu hoch anzusetzen. Denn zu hohe Auszahlungen führen
zu einer allmählichen Aufzehrung des Anteilbestandes.
Wenn der Bestand aber verbraucht ist, bestehen keine
Ansprüche auf weitere Zahlungen: Auszahlpläne sind

keine Verträge, die bis zum Lebensende der Begünstigten laufen. Andererseits gehen die Zahlungen nach dem Tode des Begünstigen an dessen Erben weiter, solange der Anteilbestand reicht. Natürlich können sich die Erben den Wert des Investmentvermögens auch voll auszahlen lassen.

Welche Auszahlungen sind möglich, wenn das Guthaben nicht angegriffen werden soll? Grundsätzlich sollte nicht mehr entnommen werden, als die Fondsmanager mit ihren Rentenfonds jährlich erwirtschaften können. Da aber auch der beste Rentenfonds nicht wesentlich besser als der Markt sein kann, müssen sich die Entnahmequoten in etwa an der Marktrendite orientieren. Derzeit dürfte eine Auszahlquote von 7 Prozent im Jahr vertretbar sein. Alles, was über diesen Satz hinausgeht, muß langfristig mit äußerster Skepsis betrachtet werden.

Beispiel: Bei einer jährlichen Entnahmequote von 7 Prozent erlaubt eine 50 000-Mark-Anlage, zu der noch die Ausgabespesen (rund 3 Prozent des Anteilwertes) kommen, monatliche Auszahlungen von rund 280 Mark. An den 50 000 Mark nagt dann lediglich die Inflation. Auszahlungen, die über 280 Mark monatlich hinausgehen, die aber im Rahmen eines Auszahlplanes durchaus vereinbart werden können, lassen das Guthaben mehr oder weniger schnell schrumpfen. So ist etwa bei monatlichen Auszahlungen von rund 570 Mark nach zehn Jahren von dem Guthaben nichts mehr übrig. Der Anleger hat aber immerhin 68 400 Mark kassiert. Wer monatlich rund 340 Mark aus einem Auszahlplan gutgeschrieben erhält, kann sich seiner Rente ca. 25 Jahre lang erfreuen. Seine Entnahmen summieren sich während dieser Zeit immerhin auf respektable 102 000 Mark.

Alle Angaben basieren, wohlgemerkt, auf der Annahme, einer jährlichen Wertsteigerung des Investmentvermögens von 7 Prozent. Solche Prognoserechnungen müssen nicht immer aufgehen. Vor allem bei Auszahlplänen auf der Basis von Aktienfonds kann der Anleger sein blaues Wunder erleben. Hier zehren nicht nur die monatlichen Auszahlungen, sondern gegebenenfalls auch Börsenflauten am Investmentvermögen.

Bei Auszahlplänen auf Rentenfondsbasis und realistisch angesetzten Entnahmequoten ist der Anleger dagegen vor unangenehmen Überraschungen wenigstens einigermaßen sicher: Auszahlpläne mit Rentenfonds sind deshalb die Regel.

Rentenrechnung

Einmal-zahlung	Monatliche Rente in DM bei einer Wertentwicklung von					
	6 Prozent	7 Prozent	6 Prozent		7 Prozent	
	bei Kapitalerhalt		bei Kapitalverzehr in Jahren			
			10	15	10	15
30000	145	170	330	250	345	265
50000	240	280	550	420	570	440
100000	485	560	1100	830	1145	880

Quelle: Deka

Die Fonds im Vergleich

Die deutschen Investmentfonds kochen nur mit Wasser, oft gelingt ihnen nur Eintopf, nicht selten geraten sie sogar ins Minus. Aber eines kann ihnen niemand vorwerfen – daß sie versuchen, schlechte Ergebnisse unter den Tisch zu kehren. Im Gegenteil: Einmal monatlich ver-

schickt der Bundesverband Deutscher Investment-Gesellschaften (BVI) in Frankfurt eine Liste mit den Ergebnissen
aller Mitgliedsfonds. Auch Sie können diese Liste – kostenlos – anfordern.

In der Wirtschaftspresse werden die BVI-Zahlen regelmäßig nachgedruckt. Kein Wunder, die Branche gibt sich
sehr werbeintensiv. Ein bißchen freilich mogeln die In-
vestmentleute schon. Denn in der BVI-Liste auf den
folgenden Seiten werden die Ausgabespesen bei der Wertentwicklung schlicht vergessen. Es komme nur darauf an
zu zeigen, wie sie arbeiten, wehren die Profis Kritik ab.
Und deshalb vergleichen sie nur die Entwicklung des
Anteil- oder Inventarwertes.

Tatsache aber ist: Für den Anleger fallen beim Kauf
Ausgabeaufschläge an. Die Branche schönt die Wertentwicklung zudem mit der Unterstellung, alle Anleger würden die Ausschüttungen reinvestieren. Das führt zu einem Zinseszins-Effekt, der die Ergebnisse in aller Regel
einen Tick besser aussehen läßt als ohne Ertragswieder-
auflage. Also fragen Sie hartnäckig nach.

Fonds Aktienfonds Anlageschwerpunkt Deutschland

Fonds	Investment-Gesellschaft*	1 Jahr 31.7.89 – 31.7.90	5 Jahre 31.7.85 – 31.7.90	10 Jahre 31.7.80 – 31.7.90	20 Jahre 31.7.70 – 31.7.90	
Adifonds	ADIG	29,5	116,6	341,9	625,4	
Adiverba	ADIG	8,0	59,7	343,9	736,2	
Alte Leipziger Trust Fonds A	AL-TRUST	29,8	–	–	–	
Bayern-Spez.*	DWS	20,1	75,7	–	–	
BfG: Invest Aktienfonds	BfG: INVEST	19,7	–	–	–	

Fonds Aktienfonds Anlageschwerpunkt Deutschland

Fonds	Investment-Gesellschaft*	1 Jahr 31.7.89–31.7.90	5 Jahre 31.7.85–31.7.90	10 Jahre 31.7.80–31.7.90	20 Jahre 31.7.70–31.7.90	
BIL Deutscher Aktienfonds – EUROINVEST	EURO-INVEST	–	–	–	–	
Colonia Aktienfonds RK	RHEIN. KAG	24,9	–	–	–	
Concentra*	DIT	29,7	130,7	364,6	626,3	
DekaFonds*	DEKA	35,3	121,6	344,1	646,3	
DIT-Fonds für Vermögensb.*	DIT	40,1	151,0	311,1	717,1	
DIT-Spezial*	DIT	40,9	–	–	–	W
DIT Wachstumsfonds*	DIT	30,1	–	–	–	e
DVG-Fonds SELECT-INVEST*	DVG	33,9	–	–	–	r
E & G Privat-Fonds MK	MK	–	–	–	–	t
ELFOAKTIV	ELFO	30,0	–	–	–	e
Fondak*	ADIG	32,0	105,3	338,1	647,0	n
FT Frankfurt-Effekten-Fonds*	FRANKFURT-TRUST	20,6	125,9	410,9	–	t
Hansaeffekt	HANSA-INVEST	22,9	–	–	–	w
Investa	DWS	28,0	111,5	335,0	640,8	i
KKB-Invest-Fonds	UNION	22,7	–	–	–	c
Köln-Aktienfonds Deka	DEKA	27,1	–	–	–	k
Metallbank-Fonds DWS	DWS	–	–	–	–	l
MK Alfakapital	MK	19,9	85,1	257,0	–	u
Nordstern-Invest RK	RHEIN. KAG	15,3	–	–	–	n
Oppenheim Privat	OPPENHEIM	29,9	84,3	218,7	–	g
Provesta	DWS	24,7	143,7	–	–	i n
SMH-Special-Fonds I*	SMH	43,2	232,8	518,2	–	P
Thesaurus*	DIT	31,7	134,7	354,6	634,1	r o
UniFonds*	UNION	31,2	110,0	324,3	666,4	z e
Zürich Aktienfonds DWS	DWS	18,3	–	–	–	n t
Zürich Invest Aktien	ZÜRICH INVEST	26,2	–	–	–	

Quelle: BVI, Stand: 31. 7. 1990   * Adressen siehe Anhang

Gemischte Fonds

Fonds	Investment-Gesellschaft	1 Jahr 31.7.89–31.7.90	5 Jahre 31.7.85–31.7.90	10 Jahre 31.7.80–31.7.90	20 Jahre 31.7.70–31.7.90	
AEGIS Wachs-tums-Fonds	RHEIN. KAG	3,6	42,8	124,4	–	
BETHMANN-UNIVERSAL-FONDS TAUNUS	UNIVERSAL	7,5	62,4	–	–	
Deutscher Ind. Vorsorgefonds DWS	DWS	12,9	–	–	–	
ELFOFLEX	ELFO	0,1	–	–	–	
FOCUS FONDS-EUROINVEST	EUROINVEST	–	–	–	–	
Fondra*	ADIG	17,8	70,7	218,2	460,7	
Frankfurter-Sparinvest Deka	DEKA	–	–	–	–	
GKD-Fonds	DWS	10,4	52,1	171,7	–	
HWG-Fonds	UNIVERSAL	25,0	93,5	335,3	–	
KD-Union-Fonds	UNION	–	–	–	–	
KM-Mitarbeiter-Fonds OP	OPPENHEIM	–	–	–	–	
Naspa-Fonds Deka	DEKA	–	–	–	–	
Oppenheim Spezial III	OPPENHEIM	2,2	–	–	–	
Plusfonds	ADIG	31,2	135,5	327,0	–	
Ring-Inter-national DWS	DWS	10,3	–	–	–	
Südinvest 2*	BKG	17,1	68,3	226,4	–	
Trinkaus Capital Fonds, INKA	INKA	8,6	–	–	–	
UniRak	UNION	8,7	35,0	183,2	–	
UNIVERSAL-EFFECT-FONDS	UNIVERSAL	12,6	87,1	350,0	–	

Wertentwicklung in Prozent

Quelle: BVI

Aktienfonds Anlageschwerpunkt Ausland

Fonds	Investment-Gesellschaft	1 Jahr 31.7.89–31.7.90	5 Jahre 31.7.85–31.7.90	10 Jahre 31.7.80–31.7.90	20 Jahre 31.7.70–31.7.90	Wertentwicklung in Prozent
Akkumula	DWS	11,9	143,6	413,1	525,4	
DekaSpezial	DEKA	1,4	23,3	99,3	–	
Deutscher Verm.-bildungsfonds A	DVG	16,2	90,4	316,1	–	
Deutscher Verm.-bildungsfonds I	DVG	13,6	48,5	296,0	–	
DIT-Fonds für Wandel- und Optionsanleihen	DIT	–16,7	25,4	–	–	
Fondis	ADIG	2,6	86,5	360,3	499,6	
FT Inter-spezial	FRANKFURT-TRUST	14,6	92,9	328,5	–	
FT Inter-spezial II	FRANKFURT-TRUST	6,4	65,6	273,7	–	
Gerling Dynamik Fonds	GERLING INVESTMENT	10,2	67,8	259,9	511,5	
Hansa-secur	HANSA-INVEST	12,7	36,4	136,2	242,2	
Interglobal	DIT	–9,4	30,2	186,2	–	
Intervest	DWS	–1,3	54,6	233,1	385,0	
Ivera Fonds	GERLING INVESTMENT	10,5	65,7	231,4	311,6	
Kapitalfonds Spezial	GERLING INVESTMENT	7,2	67,2	242,1	409,7	
MAT Internat. Aktienfonds	MAT	–2,4	–	–	–	
MK Analytik Fonds	MK	–2,4	15,3	76,3	–	
MK Investors Fonds	MK	2,9	22,2	133,7	79,0	
MMWI-FHIOSWA-FONDS	MMWI	–	–	–	–	
PEH-UNIVERSAL-FONDS I	UNIVERSAL	19,0	–	–	–	
PEH-UNIVERSAL-FONDS OS	UNIVERSAL	–	–	–	–	
Privatfonds	DWS	9,9	84,5	242,3	–	
Ring-Aktienfonds	DWS	14,6	52,8	164,8	–	
SMH-Internat. Fonds	SMH	–1,8	92,1	233,7	–	
Südinvest 1	BKG	5,9	25,8	173,2	–	
UniGlobal	UNION	2,5	8,7	94,9	159,3	
Wekanord	NORDINVEST	22,7	74,3	166,1	258,3	

Quelle: BVI

Aktienfonds Anlageschwerpunkt Ausland

Spezialitäten-, Regional- und Hemisphärenfonds

Fonds	Investment-Gesellschaft	1 Jahr 31.7.89–31.7.90	5 Jahre 31.7.85–31.7.90	10 Jahre 31.7.80–31.7.90	20 Jahre 31.7.70–31.7.90	
Adiasia*	ADIG	−21,0	–	–	–	
Aditec	ADIG	−3,8	33,1	–	–	
AriDeka	DEKA	23,2	94,9	256,6	548,8	
Augsburger Aktienfonds EUROINVEST	EUROINVEST	−5,1	–	–	–	
Australien-Pazifik-Fonds*	NORDINVEST	−16,1	−22,4	–	–	
BB-Europa-INVEST	BB-INVEST	–	–	–	–	
BfG: Invest Europafonds	BfG: INVEST	–	–	–	–	
BIL AKTIEN-FONDS EUROINVEST	EUROINVEST	−6,4	–	–	–	
DEVIF-Invest	DEVIF	11,5	74,4	257,9	–	
DIT-FONDS −FRANKREICH*	DIT	6,4	–	–	–	
−GROSSBRIT.*	DIT	−2,8	–	–	–	
−IBERIA*	DIT	2,9	–	–	–	
−ITALIEN*	DIT	13,2	–	–	–	
−SCHWEIZ*	DIT	2,9	–	–	–	
DIT-Pazifikfonds*	DIT	−21,1	60,3	–	–	
DIT-Rohstoffonds	DIT	−3,2	13,4	–	–	
DIT-Technologief.	DIT	−3,1	5,9	–	–	
DWS- −Energiefonds	DWS	2,6	60,4	–	–	
−Iberia-Fonds	DWS	−1,9	–	–	–	
−Rohstoffonds	DWS	−11,8	48,4	–	–	
−Technologief.	DWS	−9,1	5,2	–	–	
Eurovesta	DWS	9,1	–	–	–	
Fondamerika*	ADIG	−17,1	–	–	–	
Fondiro	ADIG	−4,3	–	–	–	
Fondiropa	ADIG	–	–	–	–	
FT Amerika Dynamik Fonds	FRANKFURT-TRUST	−16,5	−3,4	87,2	–	
FT Nippon Dynamik Fonds*	FRANKFURT-TRUST	−17,5	89,6	360,5	–	
Industria	DIT	8,5	79,0	255,6	398,4	
Japan-Pazifik-Fonds*	NORDINVEST	−21,4	−8,6	59,7	–	

Wertentwicklung in Prozent

Quelle: BVI

Aktienfonds Anlageschwerpunkt Ausland
Spezialitäten-, Regional- und Hemisphärenfonds

Fonds	Investment-Gesellschaft	1 Jahr 31.7.89–31.7.90	5 Jahre 31.7.85–31.7.90	10 Jahre 31.7.80–31.7.90	20 Jahre 31.7.70–31.7.90	Wertentwicklung in Prozent
MMWI-AMERAK-FONDS	MMWI	–	–	–	–	
MMWI-ASIAK-FONDS	MMWI	–	–	–	–	
MMWI-EURAK-FONDS	MMWI	–	–	–	–	
Oppenheim Europa	OPPENHEIM	–	–	–	–	
Oppenheim Spezial II	OPPENHEIM	–1,7	–	–	–	
Transatlanta*	DIT	–17,4	–11,6	84,5	190,8	
UniSpecial	UNION	12,3	23,0	73,9	–	
VAF	DIT	13,2	61,8	205,1	–	

Quelle: BVI

Rentenfonds Anlageschwerpunkt Deutschland

Fonds	Investment-Gesellschaft	1 Jahr 31.7.89–31.7.90	5 Jahre 31.7.85–31.7.90	10 Jahre 31.7.80–31.7.90	20 Jahre 31.7.70–31.7.90	
Adikur	ADIG	5,1	–	–	–	W
Adirenta*	ADIG	-0,4	23,1	109,3	331,9	e
AEGIS Eink.-Fonds	RHEIN. KAG	-0,2	23,1	109,2	–	r
Agrippina-rent-allfonds	ALLFONDS	1,1	–	–	–	t
Akku-Invest	WESTKA	5,5	–	–	–	e
Albingia Rendite-fonds DWS	DWS	2,9	–	–	–	n
Allianz Rentenfonds*	ALLIANZ	2,1	27,7	–	–	t
ALTE LEIPZIGER TRUST Fonds R	AL-TRUST	1,5	–	–	–	w
ARA-Rendite-fonds DIT*	DIT	0,3	25,8	–	–	i
ARAG Rendite-fonds KI*	KI	-1,2	–	–	–	c
Barmenia Rendite-fonds DWS	DWS	0,2	–	–	–	k
Basis-Fonds I	FRANKFURT-TRUST	6,3	25,9	–	–	l
BB-DMrent-INVEST	BB-INVEST	–	–	–	–	u
BBV-Fonds-Union	UNION	0,7	–	–	–	n
BerolinaRent Deka	DEKA	–	–	–	–	g
BfG: Invest Rentenfonds	BfG: INVEST	0,2	–	–	–	
BL-Rent DWS	DWS	0,8	–	–	–	i
Colonia-Rentenfonds RK	RHEIN. KAG	0,3	23,4	95,5	–	n
CONDOR-Fonds-Union	UNION	-0,3	–	–	–	
DBV+PARTNER-rent-ADIG*	ADIG	-2,6	–	–	–	P
DekaTresor	DEKA	6,1	29,4	–	–	r
Deutscher Rentenfonds*	DIT	0,3	24,8	93,1	310,4	o
Deutscher Rentenfonds »K«*	DIT	5,1	–	–	–	z

Quelle: BVI

Rentenfonds Anlageschwerpunkt Deutschland

Fonds	Investment-Gesellschaft	1 Jahr 31.7.89–31.7.90	5 Jahre 31.7.85–31.7.90	10 Jahre 31.7.80–31.7.90	20 Jahre 31.7.70–31.7.90	
Deutscher Rentenfonds »K«*	DIT	5,1	–	–	–	
Deutscher Verm.-bildungsfonds R	DVG	2,0	25,0	86,9	–	
DVG-Fonds						
– ALL-RENT	DVG	2,4	–	–	–	
– SELECT-RENT	DVG	5,9	–	–	–	
– VARIO-RENT	DVG	–	–	–	–	
ELFOZINS	ELFO	–0,8	–	–	–	
FT Accurent K*	FRANKFURT-TRUST	5,5	–	–	–	W
FT Interzins*	FRANKFURT-TRUST	0,5	25,7	106,4	–	e
FT Re-Spezial	FRANKFURT-TRUST	2,5	23,6	113,8	–	r
GERLING RENDITE FONDS	GERLING INVESTMENT	1,5	29,4	115,9	392,6	t
Gotharent-ADIG*	ADIG	–1,2	24,8	99,5	–	e
Hamburg-Mannheimer Rentenfonds BKG*	BKG	0,6	28,2	96,7	–	n
Hansarenta*	HANSA-INVEST	–0,1	24,9	90,2	294,0	t
Hansazins	HANSA-INVEST	6,3	22,9	–	–	w
Hanse-Merkur Rentenfonds – EUROINVEST	EUROINVEST	–	–	–	–	i
Inka-Re-Invest	INKA	1,0	23,0	–	–	c
Inka-Rent	INKA	0,3	25,2	96,9	–	k
Inrenta*	DWS	1,0	26,7	95,2	302,5	l
Kapitalfonds Prozins	GERLING INVESTMENT	3,2	–	–	–	u
KKB-Rendite-Fonds	UNION	3,0	–	–	–	n
Köln-Rentenfonds Deka	DEKA	–0,9	–	–	–	g
LG-Rentenfonds Deka	DEKA	2,5	–	–	–	i
LIGA-Pax-Rent-Union	UNION	–	–	–	–	n

Wertentwicklung in Prozent

Quelle: BVI

Rentenfonds Anlageschwerpunkt Deutschland

Fonds	Investment-Gesellschaft	1 Jahr 31.7.89–31.7.90	5 Jahre 31.7.85–31.7.90	10 Jahre 31.7.80–31.7.90	20 Jahre 31.7.70–31.7.90	
LVM-Fonds-Union	UNION	2,9	–	–	–	
Mannheimer Rendite-fonds DIT	DIT	–	–	–	–	
MK Rentak Fonds	MK	3,0	28,7	103,6	–	
MK Rentex Fonds	MK	1,4	35,8	120,2	–	
MMWI-RENA-KOP-FONDS	MMWI	3,0	–	–	–	W
NB-Renten-fonds RK	RHEIN. KAG	–0,3	22,9	–	–	e
Nordstern-Fonds RK	RHEIN. KAG	0,1	22,8	95,3	–	r
Nürnberger Rentenfonds	DWS	0,5	19,7	77,3	–	t
Oppenheim						e
– Inland-Rent*	OPPENHEIM	3,2	24,0	85,5	–	n
– Priva-Rent	OPPENHEIM	–0,7	24,6	104,4	–	t
– Priva-Rent K	OPPENHEIM	–	–	–		w
– Spezial I	OPPENHEIM	1,0	24,0	129,8	–	i
PVFrent-allfonds	ALLFONDS	–0,3	–	–	–	c
RenditDeka*	DEKA	2,7	29,7	101,5	313,9	k
Rentensparfonds	UNIVERSAL	0,4	27,7	98,6	–	l
Ring-Rentenfonds	DWS	–0,3	24,9	100,1	–	u
S-BayRent Deka	DEKA	–	–	–	–	n
SKA INVEST RENTEN-FONDS D	SKA	0,5	–	–	–	g
SMH-Rentenfonds	SMH	–2,3	21,4	104,8	–	i
Stuttgarter Rentenfonds FT	FRANKFURT-TRUST	0,7	–	–	–	n
Südinvest 3	BKG	0,5	28,8	102,0	–	P
UniKapital	UNION	6,9	–	–	–	r
UniZins*	UNION	0,2	26,0	–	–	o
VEF	DIT	–1,2	18,6	116,7	–	z
Vereinte Renditefonds KI*	KI	–0,1	–	–	–	e
Victoria Rent-ADIG*	ADIG	–2,1	–	–	–	n t

Quelle: BVI

Rentenfonds Anlageschwerpunkt Deutschland

Fonds	Investment-Gesellschaft	1 Jahr 31.7.89–31.7.90	5 Jahre 31.7.85–31.7.90	10 Jahre 31.7.80–31.7.90	20 Jahre 31.7.70–31.7.90	Wertentwicklung in Prozent
VOLKSWOHL-BUND Rendite-SKA	SKA	−0,1	–	–	–	
VR-Vermögensfonds	UNION	1,5	–	–	–	
Winterthur Fonds DIT	DIT	−0,2	–	–	–	
Wüstenrot Rentenfonds AK*	ALLIANZ	2,2	–	–	–	
WWK-Rent ADIG*	ADIG	−1,7	–	–	–	
Zürich Invest Renten	ZÜRICH INVEST	0,7	–	–	–	
Zürich Rendite-fonds DWS	DWS	0,5	–	–	–	

Quelle: BVI

Rentenfonds Anlageschwerpunkt Ausland

Fonds	Investment-Gesellschaft	1 Jahr 31.7.89–31.7.90	5 Jahre 31.7.85–31.7.90	10 Jahre 31.7.80–31.7.90	20 Jahre 31.7.70–31.7.90	Wertentwicklung in Prozent
Adirewa	ADIG	1,0	50,0	–	–	
Adiropa	ADIG	–	–	–	–	
Allianz Inter-Rent Fonds	ALLIANZ	–0,6	–	–	–	
Augsburger Rentenfonds EUROINVEST	EUROINVEST	–5,0	–	–	–	
BB-Multirent-INVEST	BB-INVEST	–0,8	–	–	–	
BfG: Invest Zinsglobal	BfG: INVEST	–5,8	–	–	–	
Colonia-Intersecur RK	RHEIN. KAG	–0,8	–	–	–	
DekaRent-international	DEKA	–3,5	29,4	106,6	312,4	
DekaZINS-international	DEKA	–	–	–	–	
DEVIF-Rent	DEVIF	2,5	30,0	116,5	–	
DEVK-SPARDA-RENT-SKA	SKA	–	–	–	–	
DIT-Eurozins	DIT	2,6	–	–	–	
DVG-Fonds INTER-SELECT-RENT	DVG	2,9	–	–	–	
DVG-Fonds INTER-VARIO-RENT	DVG	–	–	–	–	
EURONORD-RENTA	NORD-INVEST	–	–	–	–	
Fondirent	ADIG	–0,1	33,4	–	–	
FT Accuzins	FRANKFURT-TRUST	1,1	36,8	–	–	
Gerling Global Rentenfonds	GERLING INVESTMENT	1,1	–	–	–	
Hansa-international	HANSA-INVEST	–3,7	12,5	–	–	
INKA-Rendite	INKA	–2,1	–	–	–	
Internationaler Rentenfonds	DIT	–1,9	17,3	166,6	460,8	
Internationaler Rentenfonds »K«	DIT	1,0	–	–	–	
Inter-Renta	DWS	3,8	34,9	150,6	418,6	

Quelle: BVI

Rentenfonds Anlageschwerpunkt Ausland

Fonds	Investment-Gesellschaft	1 Jahr 31.7.89–31.7.90	5 Jahre 31.7.85–31.7.90	10 Jahre 31.7.80–31.7.90	20 Jahre 31.7.70–31.7.90	Wertentwicklung in Prozent
JAPAN CB	UNIVERSAL	−19,1	−	−	−	
Kölner-Rentenfonds-Union	UNION	−	−	−	−	
LG-International-Rentenf. Deka	DEKA	−0,3	−	−	−	
Magdeburger Wert-Fonds DIT	DIT	2,3	14,6	−	−	
MAT Internat. Rentenfonds	MAT	−7,3	−	−	−	
MAT Japan Furusato Fonds	MAT	−2,9	−	−	−	
MK Interrent	MK	−4,3	−	−	−	
MB-EURORENT	DIT	2,8	−	−	−	
Nordcumula	NORDINVEST	2,0	50,3	−	−	
Nordrenta	NORDINVEST	−2,2	15,7	138,1	−	
Oppenheim Spezial IV	OPPENHEIM	0,7	−	−	−	
OP-Rendakta	OPPENHEIM	1,5	26,1	97,1	−	
Re-Inrenta	DWS	2,7	27,9	117,5	−	
SAL K-Rent SKA	SKA	−	−	−	−	
SKA INVEST RENTENFONDS I	SKA	1,6	−	−	−	
SMH-Dollar-Rentenfonds	SMH	−11,2	−10,4	130,2	−	
SMH-Renten-fonds-International	SMH	−3,2	−	−	−	
Thesaurent*	DIT	−5,3	9,7	−	−	
Union Bond Baden	UNION	−	−	−	−	
UniRenta	UNION	−0,9	23,8	123,7	360,3	
VOLKSWOHL-BUND international-SKA	SKA	−0,5	−	−	−	
Zürich Invest Inter-Renten	ZÜRICH INVEST	−	−	−	−	

Quelle: BVI

Grundstücksfonds

Fonds	Investment-Gesellschaft	1 Jahr 31.7.89–31.7.90	5 Jahre 31.7.85–31.7.90	10 Jahre 31.7.80–31.7.90	15 Jahre 31.7.75–31.7.90	20 Jahre 31.7.70–31.7.90	
A.G.I.-Fonds Nr. 1	A.G.I.	6,3	31,6	82,7	141,1	–	
BfG:	BfG:						
Immolnvest	Immobilien-Inv	7,3	–	–	–	–	
Despa-Fonds	DESPA	6,4	31,6	90,2	149,1	280,0	
DIFA-Fonds Nr. 1	DIFA	6,9	31,0	83,1	138,5	250,1	
DIFA-GRUND	DIFA	4,4	26,9	–	–	–	
Grundbesitz-Invest	DGI	8,6	33,7	95,4	166,3	–	
Grundwert-Fonds 1	DEGI	8,3	36,8	99,0	177,2	–	
HANSA immobilia	HANSAINVEST	5,8	–	–	–	–	
Haus-Invest	DGI	7,3	33,3	94,7	165,2	–	
iii-Fonds Nr. 1	III	7,1	30,7	83,7	120,5	227,9	
iii-Fonds Nr. 2	III	8,4	31,2	81,8	108,0	212,0	
WestInvest 1	RWG	–	–	–	–		

Wertentwicklung in Prozent

Quelle: BVI

Gold

Krisenmetall mit Schattenseiten

So ändern sich die Zeiten. Der beste Platz für Gold, so befand noch Wladimir Iljitsch Lenin, seien die Moskauer Pissoirs. Lenins Erben setzen dagegen mehr auf die Bahnhofstraße in Zürich. Dort laden sie zur Finanzierung von Glasnost und Perestroika das Edelmetall in Mengen ab wie nie zuvor. Die Degussa in Frankfurt schätzt, daß die Sowjets 1989 beinahe 20 Prozent mehr Gold auf den Markt warfen als im Schnitt der zehn Jahre zuvor. Noch nie wurde zudem soviel Gold gefördert wie zuletzt.

Kein Wunder also, daß die Spekulanten den Goldpreis nach unten sinken ließen. Saddam Husseins Blitzkrieg zauberte zwar zwischenzeitlich neuen Glanz. Insgesamt aber gilt: Warum das zinslose Metall kaufen, wenn die Renditen in die Höhe schießen und die Militärs hüben wie drüben Panzer oder Pershings eher verschrotten? Auch als Inflationsschutz verlor es seinen Glanz, in den meisten Ländern wechselte die Geldentwertung von Galopp oder moderatem Trab in langsamere Gangarten über.

Nichts gegen goldene Uhren oder Zahnkronen. Auch Schmuck für den Freund oder die Freundin darf's sein. Ansonsten jedoch gilt: Das gelbe Metall ist gegenwärtig nicht das Gelbe vom Ei. Goldene Zeiten kommen erst dann wieder, wenn Glasnost und Perestroika scheitern sollten. Bis zu früheren Spitzenkursen bleibt es freilich auch dann noch ein weiter Weg.

Dennoch gibt es ein paar Regeln, die der Geldanleger wissen sollte. Zunächst einmal: Beim Kauf von Gold werden hierzulande meist 14 Prozent Mehrwertsteuer fällig. Die müssen Sie erst einmal hereinholen, wenn Ihre Spekulation aufgehen soll. Da kann es nicht verwundern, daß immer mehr deutsche Anleger ihren Goldschatz im mehrwertsteuerfreien Ausland vergraben. Größter Beliebtheit erfreuen sich Luxemburg, Österreich oder die Schweiz. Wer den Goldschatz hebt und nach Deutschland holen will, darf sich beim Schmuggel nicht erwischen lassen. Werden Sie vom Zoll erwischt, zahlen Sie nicht nur die Steuer nach. Zusätzlich gibt's saftige Geldstrafen.

Bullion Coins

Die Deutschen stehen auf »Bullion Coins«. Die haben nichts mit Suppenwürfeln zu tun, sondern sind als gesetzliche Zahlungsmittel anerkannte Goldstücke, bei denen wie beim Barren der materielle Wert den Preis bestimmt. Er richtet sich also nach dem reinen Feingoldgehalt. Dazu kommen die Verdienstspanne der Bank und die leidige Steuer.

Die Namen dieser Münzen: Krügerrand, Maple Leaf, Tscherwonez, American Eagle, Nugget oder Britannia. Es gibt sie im Gewicht einer Unze (31,1035 Gramm), aber auch kleinere Stückelungen bis herunter zu einem Gewicht von $\frac{1}{10}$ Unze werden angeboten. Die Aufschläge liegen je nach Gewicht zwischen drei und neun Prozent. Passen Sie beim Kauf auf Mängel wie etwa Kratzer auf. Wer sich mangelhafte Ware andrehen läßt, muß bei späterem Verkauf womöglich Preisabschläge hinnehmen. Die billigste Münze ist Südafrikas Krügerrand, die allerdings von der deutschen Geldwirtschaft mit einer Verkaufssperre belegt ist. Wer auf die Münze aus der Apartheid-Republik besteht, dürfte dennoch am Schalter meist keine Mühe haben, sie zu bekommen.

Goldkonten

Arzthelferinnen kaufen Münzen, ihre Chefs Barren, die sie auf einem mehrwertsteuerfreien Goldkonto in der Schweiz oder in Luxemburg deponieren. Kleckern ist nicht: Die Mindestanlage lautet gemeinhin auf fünfstellige Summen. Angelegt werden die Kundengelder entweder in Münzen oder in Barren. Unser Arzt bleibt flexibel wie ein Aktionär: Das Konto kann er jederzeit auflösen, natürlich sind auch Teilabhebungen möglich. Eine Anreise etwa nach Luxemburg erübrigt sich, praktisch alle deutschen Bankengruppierungen verfügen über Töchter im Herzogtum.

Goldzertifikate

Neben den Goldkonten bieten die Geldhäuser mehrwertsteuerfreie Goldzertifikate an. Das sind meist auf den Inhaber lautende Papiere, die das Eigentum an einer genau definierten Menge Münzen oder Barren verbriefen. Sie können jederzeit problemlos übertragen werden. Die Spanne zwischen An- und Verkauf liegt bei drei Prozent; dazu kommen noch unterschiedliche Lagergebühren.

Die Zertifikate können praktisch jederzeit verkauft oder in Gold eingelöst werden. Gleichwohl bleibt der Konteninhaber etwas beweglicher. Denn zum Verkauf gilt: Anruf genügt. Der Zertifikatinhaber muß dagegen bei einem geplanten Verkauf die Urkunde entweder persönlich am Schalter vorlegen oder mit der Post schicken.

Goldsparpläne

Nicht nur der Kilobarren geht ins Geld, auch der um 968,9 Gramm leichtere Krügerrand belastet den Geldbeutel beträchtlich. Also erfanden die Geldhäuser den Goldsparplan. Im Geschäft tummeln sich die Großbanken, zum Beispiel über die Bayerische Landesbank auch die Sparkassen. Auf Ihr Geld für Gold haben es ebenso die Volksbanken und Raiffeisenbanken abgesehen. Um deutsche Spargroschen bemühen sich daneben österreichische Sparkassen, wie die Sparkasse Bregenz und einige schweizerische Adressen.

Immer geht es darum, mit bescheidenen monatlichen Anlagebeträgen einen veritablen Goldschatz anzuhäufen. Bei der Dresdner Bank zum Beispiel sind Sie bereits mit 200 Mark monatlich dabei, bei der Deutschen Bank mit 250 Mark. Das heißt dann Gold auf Raten. Die brieftaschenschonenden Monatsraten sind indes nicht das einzige Merkmal der diversen Sparpläne. Fast immer nämlich entfällt die Mehrwertsteuer. Denn die Ansparkonten werden in Ländern geführt, die diese preistreibende Abgabe nicht kennen. Die Planvertreiber kaufen zudem von den Sparergroschen große Mengen Gold auf. Kleinmengenzuschläge entfallen deshalb. Weitere wichtige Gemeinsamkeit: Durch die regelmäßige Anlage eines gleichbleibenden Anlagebetrages erzielt der Goldfan einen günstigen durchschnittlichen Einstandspreis. Denn für seine Monatsraten bekommt er bei hohem Goldpreis kleine und bei niedrigem Goldpreis große Mengen gutgeschrieben. Das heißt dann »cost averaging«. Nicht alle Pläne sehen regelmäßige Zahlungen vor, sehr großzügig verfährt zum Beispiel die Deutsche Bank. Fast immer ist es möglich, vorzeitig auszusteigen. Auf Wunsch wird Ihr Goldschatz ausgehändigt. Wer ihn über die deutsche Grenze bringt, muß freilich Mehrwertsteuer zahlen. Wer seinen Bestand dagegen liquidiert und den Erlös in die Heimat schafft, bleibt vom Fiskus unbehelligt.

Goldaktien

Die Steigerung von Sparplan und Konto: Goldaktien. Profis denken sofort an Südafrikas Spitzenwerte wie Driefontein, Kloof oder Vaal Reefs, die allesamt in München gehandelt werden. Wer Südafrika wegen der schwachen Währung und der ungewissen politischen Entwicklung meiden will, kauft dagegen Kanadas goldgeränderte Titel Dome Mines oder Campbell Red Lake.

Goldfonds

Vorsichtigere Spekulanten stehen auf Goldfonds. In Deutschland verkaufen die Volks- und Raiffeisenbanken zum Beispiel den Unispecial I, eine Fondsvariante mit sehr bewegter Vergangenheit. In den USA bietet man an der New Yorker Börse den ASA an. Die schweizerische Alternative heißt Safit, für South African Investment Trust.

Goldoptionen

Es kommt freilich noch hektischer. Gold, das einmal dafür stand, Vermögen zu erhalten oder zu mehren, kann Ihr Vermögen auch vernichten. Zum Heißesten vom Heißen gehören Goldoptionen. Der Käufer einer sogenannten Calloption hat das Recht, eine bestimmte Menge Gold zu einem bestimmten Preis zu kaufen. Steigt das gelbe Metall, kann der Spekulant das Gold wie vereinbart beziehen und zum höheren Marktpreis verkaufen. Aber auch der Verkauf der Option selbst ist möglich. Läuft der Goldpreis in die andere Richtung, ist freilich der gesamte Einsatz perdu. Also: Wenn's um Gold geht, aufpassen.

Aktien

Noch nie waren sie so wertvoll wie zur Jahresmitte 1990: Deutsche und ganz besonders auch ausländische Anleger trieben die Kurse heimischer Aktien auf zuvor noch nie erreichte Kurshöhen. Dann ließ Saddam Hussein abrupt die Kurse sinken. Wer jetzt wieder einsteigt, sollte wenigstens die wichtigsten Grundbegriffe des riskanten Geschäfts mit Aktien kennen.

»Die Aktie ist die lebendigste Form der Geldanlage«, jubelt der Arbeitskreis Aktie e. V. und verbreitet damit durchaus nicht nur Zweckoptimismus. Denn: Seit 1982 ist die Aktie die profitabelste Anlageform. Vieles spricht dafür, daß die Renaissance der Aktie nicht mit dem Jahr 1990 zu Ende geht. Die Unternehmen haben bemerkt, daß die notwendigen Investitionen auf Dauer nicht mit Kredit zu finanzieren sind. Sie werden also ihre Geldgeber, die Aktionäre, in Zukunft weiter gut behandeln.

Nach dem urkapitalistischen Prinzip, Einkommen durch unternehmerische Beteiligungen zu erwerben, funktionierte schon die erste Aktiengesellschaft, die Allgemeine Niederländische Vereinigte Ostindische Compagnie, an deren Kapital sich Kaufleute und sechs holländische Provinzen beteiligten. Als Lohn für ihre Risikofreude erhielten die Aktionäre damals die traumhafte Rendite von 20 Prozent, im Jahr 1606 sogar 75 Prozent.

Im Laufe der Zeit wurde die Aktie zum klassischen Finanzierungsinstrument für Wirtschaft und Fortschritt. Die industrielle Revolution des 19. Jahrhunderts hätte ohne sie nicht stattgefunden, die Entwicklung der Bio- und Computertechnologie in unseren Tagen wäre wesentlich langsamer verlaufen. Und auch die Finanzierung des Ostens ist ohne Aktienkapital nicht machbar. Sowohl Bonns Finanzminister als auch der heimische Rentenmarkt werden sich darüber freuen. Auch im Osten, wo der Sieg des Kapitalismus über den Kommunismus gefeiert wird, reifen Pläne für Aktienbörsen. Erkenntnis hüben wie drüben: Die Vorzüge der Aktie nützen beiden Seiten, den Unternehmen und den Anlegern.

Daß der deutsche Aktienmarkt in neue Dimensionen gewachsen ist, verdeutlicht der Aktienindex der *Frankfurter Allgemeinen Zeitung* (kurz FAZ-Index), das wohl populärste täglich errechnete Börsenbarometer für deutsche Dividendenwerte. Sinn und Zweck eines Index (aus dem Lateinischen: Anzeiger) ist es, einen schnellen Überblick über die generelle Entwicklung eines Aktienmarktes zu bieten. Deshalb sind die Kurse der 100 wichtigsten Aktien, gewichtet mit ihrem Aktienkapital, Grundlage der Berechnungen.

Die Fieberkurve der heimischen Börse bewegte sich zu Beginn der achtziger Jahre lange und spannungslos um 220 Punkte. Dann setzte die aufregendste Kursrallye der Nachkriegszeit ein und liftete den FAZ-Index auf stolze 830 Punkte. Bilanz: Knapp 300 Prozent Plus in acht Jahren.

Was Aktien bieten

Stimmrecht

Im wesentlichen gibt es zwei Aktiengattungen: Stamm- und Vorzugsaktien. Vorzüge, wie sie im Börsenjargon heißen, besitzen kein Stimmrecht in der Hauptversammlung. Ihre Inhaber können also keinen Einfluß auf die Geschäftspolitik nehmen. Dafür erhalten Vorzugsaktionäre meist eine Mindestdividende. Sie haben außerdem einen Anspruch darauf, daß eventuell ausgefallene Dividenden nachgezahlt werden. Das kann zu erheblichen Kursunterschieden zwischen Stamm- und Vorzugsaktien führen. In der Regel notieren erstere wegen ihres oft heiß begehrten Stimmrechts aber mehr oder weniger deutlich über den Vorzügen.

Gewinnbeteiligung

Als Lohn für die Beteiligung am Eigenkapital und die Übernahme von Risiken zahlen Aktiengesellschaften ihren Eignern eine Dividende. Sie ist ein Teil des Jahresgewinns, der Rest fließt in die Rücklagen der Gesellschaft. Obwohl mithin nur zweitrangig, ist für viele entscheidend, was jährlich in die Kasse kommt. Die Dividende wird überlicherweise in Mark je Aktie ausgedrückt. Bezogen auf den jeweiligen Tageskurs der Aktie an der Börse ergibt sich die Dividendenrendite in Prozent (Dividende geteilt durch Kurs mal 100). Noch nicht darin enthalten ist eine Steuergutschrift (56,25 Prozent der Dividende), auf die inländische Aktionäre Anspruch haben.

Bezugsrecht

Will eine Aktiengesellschaft ihr Eigenkapital verstärken, gibt sie neue Aktien aus. Deren Kurs liegt meist unter der aktuellen Börsennotiz. Alle Altaktionäre haben die Wahl: Entweder sie beteiligen sich an der Kapitalerhöhung und kaufen neue Aktien – dann bleibt ihr Anteil am Kapital der Gesellschaft unverändert – oder sie verkaufen ihre Bezugsrechte. Auch diese nämlich werden an der Börse gehandelt.

Der Kurs für das Bezugsrecht errechnet sich nach folgender Formel:

$$\frac{\text{Kurs alte Aktie} - \text{Kurs neue Aktie}}{\text{Bezugsverhältnis} + 1}$$

Kursgewinn

Der Reiz der Aktienanlage liegt in der Chance auf Kursgewinne. Freilich stehen dieser Chance Risiken gegenüber. Eine gewisse Bereitschaft, Risiko zu übernehmen, ist also erforderlich, manchmal auch Nervenstärke. So einfach, wie es aussieht, ist es nicht, im Tiefpunkt einzusteigen und auf dem Gipfel den Börsenzug wieder zu verlassen. Denn Aktienkurse erreichen meist ihren Tiefstand, wenn Wirtschaft und Unternehmen in der Krise stecken. Der Mut für Aktienengagements fehlt dann. Ihre Gipfel markieren Dividendenwerte, wenn die Gewinne schier unbegrenzt zu klettern scheinen. Zwei Börsenweisheiten helfen weiter: Kaufen, wenn die Kanonen donnern. Verkaufen, wenn es am schönsten ist.

Bei Kursgewinnen erweist der Fiskus dem privaten Anleger sogar besondere Gunst. Liegen zwischen Kauf und Verkauf der Aktien mehr als sechs Monate, unterliegt der Gewinn nicht mehr der Einkommensteuer. Innerhalb dieser Spekulationsfrist entstandene Verluste und Gewinne können gegeneinander aufgerechnet werden. Nur der Nettogewinn ist zu versteuern. Und der bleibt bis 1000 Mark in jedem Fall steuerfrei.

Wie Sie Aktien kaufen

Depot

Der Weg zum Aktionär führt über ein eigenes Wertpapierdepot. Nahezu alle Kreditinstitute bieten diese Dienstleistung an. Ein Wertpapierdepot einzurichten, ist so einfach wie das Anlegen eines Spar- oder Girokontos. Personalausweis genügt. Wer Aktien kauft, erhält eine entsprechende Gutschrift (beispielsweise über 50 Veba-Aktien) in seinem Depot. Dem dazugehörigen Giro- oder Sparkonto wird der Kaufpreis plus Gebühren belastet.

Umgekehrt beim Verkauf: Die Gutschrift erfolgt auf dem Konto, und die Aktien werden aus dem Depot ausgebucht. Die Verwahrung der Aktien bei einer sogenannten Wertpapiersammelbank (Girosammeldepot) ist üblich und auch am preiswertesten. Die Urkunden bleiben in der Sammelstelle und werden lediglich umgebucht. Auf Wunsch liefern die Geldhäuser die Aktien dem neuen Besitzer aber auch aus.

Order

Die Aufträge erteilt der Anleger entweder per Telefon, persönlich oder per Brief bei seinem Kreditinstitut. Beim Verkauf der Aktien muß stets sichergestellt sein, daß die Aktien auch im Depot liegen, also zuvor erworben wurden. Zwei wesentliche Arten der Order gilt es zu unterscheiden: Bei der Limit-Order nennt der Aktionär einen Höchstpreis, den er beim Kauf maximal zu zahlen bereit ist, oder einen Mindestpreis, den er beim Verkauf erzielen möchte.

Der Kunde kann bestimmen, wie lange dieser Auftrag gültig bleiben soll. Üblich sind die Tages-Order oder die Ultimo-Order, gültig bis Monatsende. Mit den Stichwor-

ten »billigst« (beim Kauf) oder »bestens« (beim Verkauf)
ist der Aktionär dagegen bereit, zum jeweiligen Tageskurs
zu kaufen oder zu verkaufen. Kleinere Aufträge werden
zum sogenannten Einheitskurs in der Mitte der Börsenzeit
ausgeführt.

Kosten

Die Anzahl der Aktien mal ihrem Börsenkurs ergibt den
sogenannten Kurswert, Ausgangsbasis aller Gebührenbe-
rechnungen. Ein Prozent vom Kurswert kassiert die Bank
meist als Provision. Der Börsenmakler erhält zusätzlich 0,8
Promille für die Vermittlung des Geschäfts. Zudem kassiert
der Staat an der Börse mit. Ein viertel Prozent des Kurswertes entsteht an Börsenumsatzsteuer. Zusammen betragen
die Gebühren 1,33 Prozent. Sie entstehen jeweils bei An-
und Verkauf. Zusätzlich erheben die meisten Institute noch
Porto oder andere Spesen. Um unliebsamen Minimumge-
bühren aus dem Weg zu gehen, sollte der einzelne Auftrag
über mindestens 1000 Mark Kurswert lauten.

Was die Aktienkurse bewegt

Bei der Suche nach dem »Trendmacher« an der Börse
entwickeln Börsenprofis seit jeher besonders viel Phantasie. Manche schwören auf Sternzeichen, andere auf das
Wetter. Einige haben Parallelen zwischen Wahlperioden
und Börsenzyklen ausgemacht, andere zu sportlichen Er-
eignissen wie Olympiaden. Besonders Pfiffige glauben an
den Zusammenhang von Mode und Aktienkursen: Steigen die Rocksäume, ist Hausse angesagt; Baisse droht,
wenn fußlang in Mode kommt.

Für Roland Leuschel von der Brüsseler Banque Lambert, der die Trends der letzten Jahre recht zuverlässig vorhersah, spielt dagegen die Liquidität der Großanleger (Versicherungen, Investmentfonds, Banken) die wichtigste Rolle.

Todsichere Regeln gibt es freilich nicht – ein Mangel, dem auch Computer bisher nicht abhelfen konnten. Wichtige Bestimmungsgrößen wie Zinsen, Inflation, Auftragseingang in der Industrie, Geldmenge oder Währungstrends mögen zwar in eine Datenbank einzuspeisen sein, nicht aber der Faktor Psychologie, dem André Kostolany sogar die größte Bedeutung beimißt.

Eine andere, spöttisch als »Zahlenknechte« bezeichnete Analystenschar bemüht sich, den von einer Aktiengesellschaft erwirtschafteten Ertrag zu ermitteln. Er soll den Anlegern ein objektiveres Bild der Gesellschaft vermitteln, als dies geschönte Bilanzen und bunte Geschäftsberichte schaffen. Dennoch sollte kein Investor übersehen, daß es sich nicht um Informationen handelt, die direkt in die Kursentwicklung eingehen. Es sind eher die Interpretationen, die schließlich das Kursgeschehen beeinflussen. Dieses Dilemma erkannte schon vor mehr als einem halben Jahrhundert John Maynard Keynes. »Um die Zukunft der Aktie einzuschätzen«, so der berühmte Wirtschaftstheoretiker und Börsenpragmatiker, »müssen wir die Nerven, Hysterien, ja sogar die Verdauung und Wetterfühligkeit jener Personen beachten, von deren Handlungen diese Geldanlage abhängig ist.«

Wirtschaftswachstum
Die größte Aktienhausse der Nachkriegszeit begann ausgerechnet im Jahre 1982, als die Industrieproduktion in

Deutschland um drei Prozent schmolz, das gesamtwirt-
schaftliche Wachstum um ein Prozent zurückging. Der
Widerspruch ist in Wirklichkeit freilich keiner. Denn
natürlich spiegeln steigende Aktienkurse einen positiven
Verlauf von Konjunktur und Wirtschaftswachstum wider
– aber mit einem zeitlichen Vorsprung.
Mehr als für jede andere Einflußgröße gilt: An der Börse
wird Zukunft gehandelt, nicht Gegenwart. Weist die Statistik der Deutschen Bundesbank einen Gewinnsprung der
Unternehmen aus, ist der Börsenzug längst abgefahren.
Andererseits werden Wachstumsschwächen in den Aktienkursen mit einem Zeitvorlauf von sechs bis zwölf
Monaten angezeigt. Wachstumsraten des Sozialprodukts,
von Industrieproduktion und Bilanzgewinnen eignen sich
deshalb bestenfalls zur Bestätigung eines Börsenum-
schwungs, nicht aber zu seiner Früherkennung.
Anders verhält es sich mit der Qualität der Auftragseingänge in der Industrie als Indikator. Sie signalisieren eine
Konjunkturwelle, lange bevor sie in Umsatz- oder Ge-
winnrechnungen sichtbar wird – eine Tatsache, die zum
Beispiel die Commerzbank ihren Kunden seit zehn Jahren
unübersehbar in ihren Kassenhallen verdeutlicht. Auf
einem bunten Poster wogen die Zahlenreihen von Aktien
und Aufträgen fast parallel auf und ab. Die Botschaft: Die
Auftragseingänge sind die besten Indikatoren für das
künftige Wirtschaftswachstum.

Zinsentwicklung
Anfang 1990 malten zahlreiche Börsengurus ein düsteres
Bild: An den Aktienbörsen sollte die weltweite Hochzins-
politik noch zu heftigen Kursrückgängen führen.
Denn wenn Anleihen und Sparbriefe sichere zweistellige

Zinsen garantieren, finden Aktien mit ihren nervös schwankenden Dividendenzahlungen und Kursen kaum Käufer. Merke: Dümpeln die Kupons der Zinstitel dagegen um niedrige zwei bis fünf Prozent, lohnt eine Spekulation mit heißen Dividendenpapieren, die dann oft mehr Prozentpunkte abwerfen. Wie die Phasen von Ende 1974 bis 1978 sowie 1981 bis Anfang 1986 beweisen, folgten den fallenden Zinsen am deutschen Kapitalmarkt immer recht kräftige Kurssteigerungen der Aktien. Wer also rechtzeitig in den Aktienzug umsteigen will, reagiert möglichst früh bei den ersten Anzeichen einer Zinsumkehr. Andererseits ist Vorsicht geboten, wenn die Zinsen deutlich zu steigen drohen. Das verfügbare Geld wird dann zunehmend für andere Zwecke als zur Aktienanlage benötigt – etwa, um schnell noch Investitionen von Unternehmern, Häuslebauern und Konsumenten zu finanzieren.

Der Zinsfurcht eilt oft ein traumatisches Problem voraus: die Inflation. Steigende Preise an den Lebensmittel- und Rohstoffmärkten ziehen die Kurse für Sachwerte wie Gold und Immobilien mit nach oben. Schon diese Aussicht läßt anlagesuchendes Kapital weg von den Aktien in vermeintlich inflationssichere Vermögenstitel strömen. Papiergeld findet nur schwer Abnehmer, die Zinsen für Schulden des Staates und der Industrie steigen. Dann kann sich kein Investor mehr Kredite für Investitionen und Wertpapierkäufe leisten.

Solche trüben Aussichten sind vielen Regierungen ein Greuel. In Bonn mahnt sogar ein Gesetz »zur Stabilität des Preisniveaus«. Da auch die obersten Währungshüter im Hause der Deutschen Bundesbank sich diesem Ziel verpflichtet fühlen, drehen sie regelmäßig schnell am Zinshahn, wenn an der Preisfront Ungemach droht.

Zur Pflicht des Aktionärs gehört daher der monatliche
Blick auf die Inflationsrate. Beginnt die Inflation gar zu
traben, bieten normale Aktien keinen Schutz vor der
Geldentwertung. Weil aber Anfang 1990 keine Inflation
in Sicht war, konnten die hohen Zinsen den Aktien nichts
anhaben. Zudem setzte eine neue Vision die alten Bewer-
tungsregeln außer Kraft. Mit dem Mauerfall gewann ein
drittes Kriterium die Oberhand: das Handeln der Poli-
tiker.

Politische Wetterlage

Wahljahre sind Haussejahre. In den USA sogar unabhän-
gig von der Couleur der Sieger. So simpel das klingen
mag, zumindest für die Wall Street läßt es sich statistisch
belegen. Mit unterschiedlicher Intensität stieg der Dow-
Jones-Aktienindex im vierjährigen Rhythmus seit 1968
deutlich an.

Die Händler in deutschen Börsensälen reagieren dagegen
wesentlich feinfühliger, wenn auch parteiischer. Der Re-
gierungswechsel im Herbst 1982 und die Wendewahl vom
Frühjahr 1983 wurden geradezu euphorisch aufgenom-
men. 1976 und 1980, Jahre mit sozialliberalen Wahlsie-
gen, schlossen dagegen mit einem Minussaldo.

Trotz des erkennbaren politischen Einflusses auf die Börse
hielt sich lange Zeit der Börsenspruch, wonach politische
Börsen kurze Beine haben. Erst die Öffnung Osteuropas
Ende 1989 machte damit Schluß. Solange die Euphorie um
die schwarz-rot-goldenen Grenzen anhielt, blieben viele
alte Börsenregeln Makulatur. Langfristig gilt aber sicher
wieder: Entscheidend für die Stimmungslage an der Börse
ist die Wirtschafts- und Finanzpolitik, die die Regierenden
betreiben.

Gerüchte

Kennen Sie den: Gorbatschow ist tot?! Nach solchen Gerüchten, eingestreut bei passender Gelegenheit, starb der ehemalige US-Präsident Ronald Reagan während seiner achtjährigen Amtszeit mindestens zwölfmal. Auch sein Nachfolger war bereits mehrmals Opfer von Attentaten oder Herzattacken.

Als die Ost-Euphorie das Börsenklima durcheinanderwirbelte, stieg der sowjetische Präsident in der Hierarchie der Gerüchteküche freilich noch mehr. Gorbatschow konnte sich geschmeichelt fühlen von der marktbeeinflussenden Bedeutung, die er plötzlich an den Weltbörsen erfuhr. Denn regelmäßig gerieten nach den grausamen Gerüchten die Aktienkurse im Kapitalismus ins Trudeln.

Davon profitierten freilich nur die Gerüchtemacher selbst – klar. Sie beuteten nach dem Entsetzen jene nervenschwachen Börsenakteure aus, die den gezielt gestreuten Hiobsbotschaften auf den Leim gingen und ihre Aktien in Panik verschleuderten. Meist findet der Ernstfall nämlich nicht statt, solche Panikmache hält kaum einen Tag. Die Kurse kehren auf ihr Vor-Gerüchte-Niveau zurück.

Merke: Von Gerüchten mit Reizcharakter profitieren allenfalls wenige Profis, die den kurzen Spuk am Kurszettel flott für Käufe nutzen können. Alle übrigen Aktionäre sollten sich nicht aufs Glatteis locken lassen. Vergessen Sie Gerüchte – es gibt bessere Trend-Indikatoren.

Dividende

Viel beliebter als statistische Zahlen, Gedankenspiele oder politische Parolen sind bei Kleinaktionären die alljährlichen Dividendenausschüttungen.

Die Dividende ist ein Teil der Vertragserfüllung, die mit

der Hingabe von Risikokapital verbunden ist, dozieren Professoren in ihren Vorlesungen – ganz im Sinne zahlreicher Aktiensparer. Die fordern regelmäßig und wortgewaltig in Hauptversammlungen höhere Ausschüttungen. Den Unterschied zum festverzinslichen Wertpapier ignorieren die Berufsopponenten dabei allzu oft. Denn nur bei Festverzinslichen garantieren Vertragsbedingungen kalkulierbare jährliche Zinsausschüttungen. Dividenden auf das Aktienkapital müssen die Vorstände dagegen jährlich neu festlegen.

Dividendenprognosen für die nächsten Geschäftsjahre erlauben aber immerhin den Vergleich mit alternativen Sparformen. Liegt etwa die Verzinsung für Termineinlagen unter der erhofften Aktienrendite (Dividende geteilt durch Aktienkurs mal 100), dann lohnt der Kauf von Dividendenpapieren. Auch bei der Titelauswahl innerhalb einer Branche hilft die Dividende.

Ausschüttungen stecken aber nicht nur neue Kursziele, eine attraktive Dividende schirmt auch den Kurs ab. Besonders Investmentfonds, immer auf der Jagd nach Barem für ihre Fondsausschüttungen, greifen bei kleinen Kursrückschlägen schnell zu.

Wer sich ebenfalls an der Dividende orientieren will, muß die Steuer beachten: Zehn Mark avisierte Bar-Dividende bringen nur 7,50 Mark ein. Den Rest von 25 Prozent kassiert der Staat als Kapitalertragsteuer.

Und weiter: Wer seine Dividende in der Einkommensteuererklärung deklariert, erhält eine Körperschaftsteuergutschrift von 56,25 Prozent – freilich nicht in bar. Diesen Mehrertrag muß der Empfänger zwar versteuern, doch akzeptieren die Finanzämter sowohl Körperschaft- als auch Kapitalertragsteuer als Vorauszahlung. Liegt die endgültige Abgabenlast niedriger als die Summe aus Kapitalertragsteuer und Körperschaftsteuergutschrift, dann zahlt das Finanzamt Geld zurück. Anleger mit hoher Steuerbelastung sollten indes nicht übersehen, daß von der Gesamtausschüttung oft nur die Hälfte hängenbleibt.

Gewinn

Die Vorliebe mancher Aktionäre für Bares verkennt die Quelle. Denn für die Bewertung einer Aktie sollte es gleichgültig sein, ob Teile des Jahresüberschusses als Dividende abfließen oder im Unternehmen verbleiben. Entscheidender ist die Ertragskraft der Gesellschaft insgesamt, also die Summe von Ausschüttungen und der vom Unternehmen einbehaltenen Gewinne. Gerade diese Rücklagen und stillen Reserven stärken den inneren Wert einer Firma – vor allem dann, wenn das Management profitabel damit arbeitet. Folge: (steuerfreie) Kursgewinne an der Börse.

Fleißige Analysten an allen Börsenplätzen versuchen daher, die wahre Ertragskraft der börsennotierten Gesellschaften zu erkunden. Die Deutsche Vereinigung für Finanzanalyse und Anlageberatung (DVFA) ersann gar eine seitenlange Gewinn-Formel. Inzwischen veröffentlicht fast jede Bank für deutsche Standardwerte den echten Gewinn und bezieht ihn auf die Anzahl der ausgegebenen Aktien. Am Ende dieser Zahlenakrobatik steht dann der Gewinn pro Aktie.

Sogar den Blick in die Zukunft scheuen die Analysten nicht und prognostizieren mutig Zahlen für ferne Geschäftsjahre. Besonders diese Vorschau beeinflußt die Aktienkurse. Erwartet die Mehrheit der Gurus steigende Gewinne, erwärmen sich auch mehr Investoren für die

gelobten Aktien. Umgekehrt drücken niedrigere Schät-
zungen die Aktienkurse nach unten.

Mit welchem Faktor Spekulanten den Gewinn pro Aktie
multiplizieren, hängt meist von seiner Dauerhaftigkeit ab.
Riecht die prognostizierte Zahl beispielsweise eher nach
einmaligem Ausrutscher, bleibt der Faktor (auch Kurs/
Gewinn-Verhältnis genannt) einstellig. Winkt dagegen
über viele Jahre stetiger Gewinnzuwachs, führt das oft zur
zweistelligen Bewertung des Gewinns pro Aktie.

Ertragsprognose nach *Capital*

Um dem Anleger die Aktien-Auswahl zu erleichtern, be-
fragt *Capital* allmonatlich prominente Aktien-Analysten
nach ihren Ertragsprognosen. Die als Durchschnitts-Wert
publizierte Hochrechnung der Profite pro Aktie filtert die
teuren aus den billigen heimischen Standardwerten heraus (siehe das Kriterium Kurs/Gewinn-Verhältnis). Hohe
Zahlen – wie beispielsweise in der Baubranche – signalisieren reichlich teure Kurse.

Dividendensüchtige Aktionäre orientieren sich an der
Meßlatte Rendite in Prozent. Je höher diese Zahl, desto
besser für den Barliebhaber. Ganz Ausgefuchste blicken
auf die Spalte Ertragsdynamik in Prozent. Unternehmen,
die hier zweistellig abschneiden, beweisen ihre überdurchschnittliche Ertragskraft. Wenn diese ihre Profite im Jah-
resrhythmus deutlich und regelmäßig steigern können,
werden sie auch an der Börse zu den begehrten Gesellschaften zählen.

Aktie	Gewinn je Aktie [1] in DM			Ertragsdyn. [2] in Prozent	Kurs/Gewinn-Verhältnis [3]	Rendite [4] in Prozent
	1989	1990	1991			
Chemie/Pharma						
BASF	38	37	37	−1,3	6,9	8,0
Bayer	37	37	38	1,3	6,8	7,9
Degussa	31	29	30	−1,6	13,3	4,3
Henkel Vorzüge	31	35	37	9,2	16,8	2,3
Hoechst	38	35	36	−2,7	7,1	8,0
Schering	40	42	44	4,9	16,4	2,8
Elektrotechnik						
Siemens	45	47	49	4,3	13,8	2,8
Varta	23	23	24	2,2	14,5	4,5
Auto und Zulieferer						
BMW	54	57	61	6,3	8,4	4,0
Continental	26	19	17	−19,1	18,0	4,1
Daimler	51	54	59	7,6	13,0	2,5
VW	60	62	63	2,5	8,6	3,4
Handel/Konsum						
Douglas Holding	25	28	32	13,1	26,6	2,2
Karstadt	17	22	25	21,3	27,5	2,3
Kaufhof	15	17	19	12,5	33,0	2,4
Salamander	19	22	24	12,4	20,6	2,9
Wella Vorzüge	34	37	40	8,5	18,8	2,1
Energieversorgung						
RWE Vorzüge	22	26	28	12,8	12,5	4,5
VEBA	29	31	31	3,4	12,5	4,8
VEW	11	12	13	8,7	17,6	4,4
VIAG	28	32	33	8,6	11,4	3,3
Bau und Zulieferer						
Bilfinger + Berger	20	24	29	20,4	31,0	1,7
DLW	20	20	21	2,5	34,6	2,8
Hochtief	23	29	37	26,8	35,8	1,2
Holzmann	28	35	46	28,2	31,7	1,1

Stand: August 1990. [1]) Durchschnitt der Analysten-Schätzungen von BHF-Bank, Bank in Liechtenstein, Commerzbank, DEGAB, Dresdner Bank, Hypo-Bank, Trinkaus & Burkhardt, WestLB. [2]) Jährliche Wachstumsrate des Gewinns von 1989 bis 1991. [3]) Auf Basis des 1991 erwarteten Gewinns. [4]) Auf Basis der 1990 erwarteten Dividende inklusive Steuergutschrift.
Quelle: Capital

Aktie	Gewinn je Aktie[1] in DM			Ertragsdyn.[2] in Prozent	Kurs/Gewinn-Verhältnis[3]	Rendite[4] in Prozent
	1989	1990	1991			
Maschinen- und Anlagenbau						
Babcock	0	1	2	–	103,5	0,0
KHD	4	10	12	73,2	19,9	0,0
Linde	42	48	52	11,3	18,5	2,3
MAN	20	24	26	14,0	16,1	3,4
Mannesmann	23	24	21	–4,4	14,5	4,1
Rheinmetall	24	26	30	11,8	13,0	3,8
Banken/Versicherung						
Allianz Holding	59	65	68	7,4	39,8	0,8
Bay. Vereinsbank	34	36	34	0,0	11,8	5,1
Commerzbank	20	24	33	28,5	8,5	5,6
Deutsche Bank	48	55	61	12,7	12,3	2,9
Dresdner Bank	29	33	42	20,3	9,8	4,6
Hypo-Bank	35	37	36	1,4	10,4	5,4
Basisindustrie/Verarbeitung						
Feldmühle Nobel	23	23	23	0,0	21,7	3,1
Hoesch	36	38	38	2,7	8,1	5,6
Kali & Salz	7	4	3	–34,5	84,3	0,0
Metallgesellschaft	23	25	25	4,3	22,7	2,8
Preussag	27	34	34	12,2	11,3	3,3
PWA	22	19	21	–2,3	12,7	5,3
Thyssen AG	35	33	33	–2,9	8,0	5,9
Technologie						
IWKA	18	17	19	2,7	18,5	3,3
Nixdorf	v	v	1	–	153,3	0,0
PKI	16	12	11	–17,1	47,5	5,8
SEL	10	12	15	22,5	24,1	1,2
Sonstige						
Agiv	37	39	45	10,3	20,8	1,1
IVG	12	12	14	8,0	33,6	2,7
Lufthansa Vorzüge	5	4	2	–36,8	65,5	4,8

Stand: August 1990. [1]) Durchschnitt der Analysten-Schätzungen von BHF-Bank, Bank in Liechtenstein, Commerzbank, DEGAB, Dresdner Bank, Hypo-Bank, Trinkaus & Burkhardt, WestLB. [2]) Jährliche Wachstumsrate des Gewinns von 1989 bis 1991. [3]) Auf Basis des 1991 erwarteten Gewinns. [4]) Auf Basis der 1990 erwarteten Dividende inklusive Steuergutschrift.
Quelle: Capital

Auslandsaktien

Einige gewinnversprechende Branchen suchen Anleger
unter deutschen Aktien vergeblich. Diese Lücke füllen
Papiere aus dem Ausland, von denen viele auch auf heimischen Kurszetteln auftauchen.

Damit den Spekulanten der Stoff zum Spekulieren nicht
ausgeht, holen Deutschlands Börsenmanager unermüd-
lich Auslandswerte in die inländischen Börsensäle. Her-
eingelassen haben sie dabei überwiegend erste Wahl.
Mittlerweile können Anleger hierzulande zwischen rund
550 gehandelten Auslandspapieren wählen. Fast täglich
kommen neue Werte hinzu – oft auch Exotisches wie der
Brazil Fund oder der India Growth Fund. Sogar eine Türk-
Tuborg fand inzwischen ihren Weg auf den deutschen
(genauer: Stuttgarter) Kurszettel.

Angebot

Angefangen hatte die Invasion am 22. Mai 1958 mit dem
niederländischen Elektrokonzern Philips aus Eindhoven,
der als erster nach dem Zweiten Weltkrieg seine Aktien an
deutschen Börsen einführte. Seit diesem 22. Mai folgten
33 weitere Holländer. Die europäische Aktien-Palette
reicht heute von Frankreich bis Norwegen und von Eng-
land bis Österreich.

In Frankfurt tummeln sich Österreicher wie Veitscher
Magnesit, Steyr-Daimler-Puch, Gösser Brauerei, Perl-
mooser Zementwerke und Brüder Reininghaus. Die Bel-
gier sind mit ihrem Chemieriesen Solvay und der Foto-
aktie Gevaert vertreten. Aus dem Norden fanden acht
Schweden den Weg an den Main: beispielsweise die Tele-
fongesellschaft Ericsson, der Maschinenhersteller Atlas

Copco und der Autobauer Volvo. Aus Dänemark folgten
Novo Nordisk (Arzneimittel) und aus Norwegen Norsk
Data (Computer) sowie Norsk Hydro (Öl).

Noch erfolgreicher als die Europäer haben sich bis heute
amerikanische und japanische Titel in den deutschen Börsensälen ausgebreitet. Im März 1990 wurden allein 165
US-amerikanische Namen in Deutschland amtlich notiert
oder im Freiverkehr gehandelt.

Auslandsaktien verlängern aber nicht nur den heimischen
Kurszettel, sondern vor allem auch das Branchenangebot.
Was die inländische Industrie nicht oder allenfalls in
geheimen Labors zu bieten hat, offerieren die Zugereisten
aus der weiten Welt in aller Öffentlichkeit. Amerikas
Computerbastler und Ölbohrer zum Beispiel notieren
neben Siemens und Veba. Auch Telefon-, Rüstungs-,
Wertpapierhandels- und Nachrichtenunternehmen stehen zur Verfügung. Goldsucher sind längst nicht mehr
auf die goldgeränderte Degussa angewiesen, sondern setzen beispielsweise auf reine Goldgruben wie Kloof und
Driefontein aus Südafrika.

Mit jedem neuen Auslandswert erhält die deutsche Börse
also einen weiteren erfreulichen Farbtupfer. Freilich sollte
niemand die stets eindrucksvolle Begrüßungszeremonie
als Signal zum Kauf des jeweiligen Wertes mißverstehen.
Oft führen nur vergängliche Modetrends die Ausländer
nach Deutschland. Wo liegen also die Vorteile der vielen
Ausländer in Deutschland?

Gebühren

Heimische Banken bilanzieren regelmäßig Pluspunkte bei
den Gebühren. An den deutschen Börsen wird der Anleger
beim Kauf und Verkauf ausländischer Aktien kostenmä-

ßig begünstigt. Tatsächlich fehlen gegenüber dem Handel an der Heimatbörse die fremden Spesen der Börsenmakler in London oder Paris. Die in Frankfurt oder München eingesparten Beträge lassen sich allerdings schwer erfassen, da sie je nach Auslandsbörse und Auftragsvolumen unterschiedlich ausfallen. *Capital* recherchierte bei einigen Stichproben Gebührenunterschiede von 1,3 Prozent bis zwei Prozent pro Auslands-Deal. Auf das Doppelte summieren sich die Mehrkosten beim Verkauf der Auslandsware. Da Minimum-Gebühren den Obolus für die fremde Bank weiter liften können, gilt der Grundsatz: Besonders bei kleinen Aufträgen unter 100 Aktien lohnt es, dem heimischen Markt treu zu bleiben.

Informationen

Spanien ist nicht nur eine Urlaubsreise wert. Auch Aktionäre sonnen sich am dortigen Aktienmarkt. Der Kauf spanischer Aktien ist freilich längst nicht so problemlos wie ein Flug nach Mallorca. Die Börsenhändler in Madrid notieren ihre Aktien bisweilen noch in Prozent des Nominalwertes von beispielsweise 500 Peseten. Deutsche Anleger müssen also gleich dreimal ihren Taschenrechner bemühen, um den vertrauten Kurs in Mark zu errechnen: Prozentnotiz mal fünf geteilt durch 100 mal Währungskurs. Einfacher ist der Blick in die deutsche Tagespresse. Dort stehen die hierzulande notierten Spanier bequem mit ihren Kursen in Mark.

Hinzu kommt beim Kauf hierzulande ein weiterer Informationsvorsprung: Viele Mitteilungen und Geschäftsberichte erhält der Aktionär in deutscher Sprache. Auch die heimische Wirtschaftspresse kümmert sich inzwischen mehr um die Ausländer. Über die Erfolge von Royal

Dutch etwa wird mittlerweile genauso ausführlich berichtet wie über die neue Veba-Dividende. Entscheidend aber ist die Kursnotiz. Bei der Wahl zwischen zwei gleichwertigen Auslandsaktien, von denen nur eine in deutschen Tageszeitungen notiert wird, sollte sich der Anleger für dieses Papier entscheiden.

Kurse

Alle Vorteile können indes schnell wieder verlorengehen. Denn der Mark-Kurs muß keineswegs nach der simplen Rechnung entstehen: Notiz der Heimatbörse mal Devisenkurs. Durch die Zeitverschiebung zwischen den Börsenplätzen rund um den Globus decken sich die Preise in Deutschland nur selten mit der rechnerischen Parität.

Zudem stören oft Differenzen zwischen Angebot und Nachfrage. Die versuchen geschäftüchtige Banken auszugleichen. Sie sammeln zuviel angebotene Aktien auf und verkaufen sie Stunden später an der Heimatbörse in den USA oder Japan. Bei starker Nachfrage geben sie Material aus eigenen Beständen ab oder decken sich erst später wieder ein.

Dennoch gleichen sich Angebot und Nachfrage nicht immer aus. Besonders die seltener gehandelten Werte erscheinen häufig mit dem Kurszusatz G (kein Umsatz, nur Nachfrage) oder B (kein Umsatz, nur Angebot). Das ist besonders ärgerlich, wenn die Aktie an ihrer Heimatbörse sehr rege gehandelt wird und kräftig steigt oder fällt. Wer in solchen Fällen seine Order nach Frankfurt gegeben hat, muß tatenlos zusehen, wie ihm die Kurse davonlaufen. Fazit: Überprüfen Sie vor Ihrer Order-Vergabe die Kursbildung des ausländischen Lieblings an der deutschen Gastbörse.

Nebenwerte: Die kleinen Unbekannten

AEG, Daimler und VW kennt jeder. Aber nur etwa 50 deutsche Gesellschaften haben diesen Bekanntheitsgrad. Wer kennt schon die kleinen Nebenwerte der acht deutschen Aktienbörsen, die eher im Verborgenen blühen?

Otto Normalaktionär besitzt Standardaktien – von BASF und Commerzbank bis hin zu Veba und Volkswagen. Insgesamt dürfte die Palette der Standardaktien rund 50 Titel umfassen, wobei Sie schon recht großzügig zählen müssen. In einer umfassenden Zählweise beginnt das Aktien-ABC dagegen bei A. A. A. und endet bei ZWL. Dazwischen liegen rund 500 Titel, die sich nicht unter dem Oberbegriff »Standardaktien« rubrizieren lassen. Für den Normalaktionär sind sie die großen Unbekannten, für den Börsenprofi die kleinen Unbekannten des deutschen Aktienmarktes.

Denn ihnen ist eines gemeinsam: Sie haben meist einen engen, einen kleinen Markt. Markteng ist an der Börse, was wenig angeboten und selten gefragt wird. Die Marktenge resultiert aus kleinen Aktienkapitalien oder aus dem dominierenden Einfluß irgendwelcher Großaktionäre, die die meisten Aktien an sich gezogen haben.

Zum Beispiel: Der in Hannover amtlich notierte Hersteller technischer Gummiwaren Allerthal verfügt über ein Mini-Aktienkapital von nur 1,1 Millionen Mark. Von den insgesamt 11000 Allerthal-Aktien stehen dem Börsenhandel (weil Allerthal einen einflußreichen Großaktionär besitzt) nicht einmal 30 Prozent, also knapp 3300 Stück zur Verfügung. Und die schlummern längst in den Depots irgendwelcher Liebhaber, die selten ein Stück aus der Hand geben. Wer also das flottante Material (so der

gängige Terminus für verfügbare Aktien) sammeln
wollte, der müßte beim Kurs kräftig drauflegen, um Aller-
thal-Aktionäre zum Verkauf zu bewegen.

Rares erfordert nämlich auch am Aktienmarkt in aller
Regel sehr viel Bares, wobei bei Kursvergleichen berücksichtigt werden muß, daß die Nebenwerte oftmals von der
heutigen Nennwertnorm (der Aktien-Nennwert beträgt
meistens 50 DM) abweichen. Die seltene, Börsenlaien
vielleicht gerade noch bekannte 100-DM-Aktie von Brei-
tenburger Portland-Cement kostet an der Börse bisweilen
fast das Zehnfache. Für die Calwer-Decken-Stammaktie
zu 300 Mark nominal müssen Anleger ebenfalls schon mal
zehn Hunderter berappen. Und Gebrüder Bernard sind
schließlich – wenn überhaupt – als 700-DM-Aktie nicht
unter 8000 Mark zu haben. Zu den ausgesprochenen
Hochkarätern zählen auch die meisten Versicherungsak-
tien: So die kaum erhältliche Nordstern Allgemeine Versicherung, die im Herbst 1990 bei 2500 Mark gefragt war.
Marktenge ist freilich nicht alles: Die Nebenwerte brillie-
ren oftmals auch mit einer beachtlichen Ertragskraft – und
sind wiederum gerade deshalb so rar und markteng. Die
freien Aktionäre von Dittmann & Neuhaus (einem Produ-
zenten von Federn für Kraftfahrzeuge) erhalten vom
Großaktionär Hoesch eine Garantiedividende von 140
Mark pro 1000-DM-Aktie. Folge: Dittmann-Preise über
10 000 Mark.

Daneben gibt es Exoten wie die Kleinwanzlebener Saat-
zucht oder die Brillantleuchten. Da stehen den Vereinigten Werkstätten für Kunst im Handwerk oder der Ge-
meinnützigen AG für Wohnungsbau, Köln, nichtssa-
gende Werte wie Gruschwitz, Diamalt und Schulte
Schlagbaum gegenüber. Ihre regionale Herkunft verraten

die provinziell anmutende Allgäuer Privatkundenbank und die Wolldecken Weil der Stadt ebenso wie das Hamburger Getreidelagerhaus und die Ölmühle Hamburg. Es gibt erinnerungsträchtige Namen wie die Alte Leipziger Versicherung und wahre Zungenbrecher wie Fränkische Überland, Großkraft Franken und Überland Unterfranken. Getränkeaktien sind nicht nur Brauereiwerte: Die weitgehend unbekannten Blauen Quellen lassen mit Mineralwasser Geld sprudeln, die Südmilch versucht's mit einem anderen Naturprodukt.

Einige Nebenwerte haben es inzwischen allerdings geschafft, aus der Anonymität herauszutreten. Selbst das Ausland ist auf sie aufmerksam geworden. So werden die Aktien von Berthold, einem Setzmaschinenhersteller, sogar in der Liste international aussichtsreicher Wachstumswerte geführt. Weltweiter Beliebtheit erfreut sich auch die Boss AG: Von ihr stammt die rund um den Globus getragene Boss-Herren-Bekleidung.

Historische Aktien: Mehr-Werte

Seit Jahren reißen sich gutbetuchte Sammler um ausgefallene historische Wertpapiere aus der westlichen Welt. Jetzt kommen die Oldies aus dem Osten dazu: Gebrauchtaktien von Rußland bis Rumänien gelten als Geheimtip.

Die Moskauer Feuerversicherung von 1898 etwa notiert höher als Deutschlands Daimler oder Amerikas IBM. Das nach der 1917er Oktober-Revolution aus dem amtlichen Verkehr gezogene Papier verschwand zunächst in der Versenkung. Von dort holte es ein Sammler im Frühjahr 1989 wieder hervor. Auf einer Auktion in Bern zahlte er umgerechnet 2600 Mark für das gute alte Stück.

»Perestroika erfaßt auch die historischen Wertpapiere aus dem Osten«, kommentiert Jakob Schmitz, engagierter Oldiefan und Autor des Standardwerks »Historische Wertpapiere« (Econ Verlag). Prompt legte sich der Düsseldorfer eine Sammlung jugoslawischer Gebrauchtwerte in sein prall gefülltes Altpapier-Portefeuille. »Die werden bald kommen«, spekuliert der Kenner von der Kö. Andere sind, neben dem Assekuranz-Titel aus Moskau, bereits da. Zum Beispiel:

○ Die naiv-barocke Aktie der polnischen Lokomotivfabrik aus dem Jahre 1919, die Mitte der 80er Jahre noch für 100 Mark im Angebot war, wechselte im Dezember 1989 für 1500 Mark den Besitzer.

○ Eine von dem jugoslawischen Künstler Tommasco gestaltete Bergbau-Aktie, in Antwerpen noch Anfang 1989 für bescheidene 110 Mark angeboten, ging im Oktober danach in Paris für das Zehnfache weg.

○ Die Aktie der bulgarischen Flugzeugfabrik Aeroplane aus Plovdiv, bisher nur in zwei Exemplaren bekannt, hob im Herbst 1989 auf 3000 Mark ab.

○ Die Aktie der tschechischen Zuckerfabrik Rolnicka Toyarna Cukr brachte zur gleichen Zeit auf einer Auktion in Bonn den Preis von rund 1900 Mark.

○ Die rumänische Romana de Navigativne pe Dunare von 1921 kam im März 1990 in Paris auf den satten Zuschlag von 600 Mark.

Vor Glasnost und Perestroika gehörten Preise dieser Größenordnung in den Bereich der Phantasie. Wer überhaupt

Interesse an historischen Aktien aus dem Osten bekundete, mußte kaum mehr als 50 bis 150 Mark pro Stück berappen. Zu hoch waren die Hürden auf dem Weg zum Sammlergut:

○ Die kyrillische Schrift machte dem Sammler zu schaffen.
○ Kommunistische Staatswirtschaft verschwieg schamhaft die papierene Erblast. Aktien und Anleihen verschwanden in der Versenkung.
○ Es fehlte an Kommunikation der Sammler hüben und drüben.

Die Marktwende begann Anfang 1989. Seither ziehen etwa russische Alt-Aktien selektiv an. Ihre Preise kletterten, von spektakulären Ausreißern abgesehen, bis auf 300 Mark pro Stück. »Vor wenigen Jahren«, so Klaus Hellwig, Chefredakteur der Sammlerpostille »HP-Magazin für Historische Wertpapiere«, »waren die Russen dagegen noch für ein paar Mark pro Kilo zu haben.«
Ganz gezielt kommt gegenwärtig jugoslawische Ware auf westeuropäische Auktionen. Die Preise liegen mittlerweile zwischen 80 und 300 Mark pro Stück. Es geht um mehrere hundert dekorative Papiere, freilich in den meisten Fällen um nicht mehr als jeweils fünf Stück. »Von einer Schwemme aus dem Ostblock kann überhaupt nicht die Rede sein«, weiß Erik Boone, Auktionsveranstalter in Antwerpen.
Längst nämlich rücken die Osteuropäer die wenigen Alteffekten, die dem Reißwolf entkamen, nicht mehr um jeden Preis heraus. »Was wirklich selten ist, weiß man heute in Osteuropa«, bedauert der Pole Vladimir Gutowski, Wan-

derer zwischen zwei Wertpapierwelten und Inhaber eines
Auktionshauses in Bornheim. So liegt auf polnischen
Flohmärkten der »Deutschland-Katalog«, eine Art Effek-
ten-Michel des Wiesbadener Insiders Bernd Suppes, aus.
Wer im Ostblock Spitzenstücke besitzt, gibt sie deshalb
selbst gegen harte Devisen nicht her. Im Gegenteil: Eingefleischte Sammler aus dem Osten beginnen selbst zunehmend, auf westlichen Auktionen ausgesuchte Seltenheits-
werte zu kaufen. Vorsicht ist deshalb geboten, wenn
Massenware aus dem Osten zu offenkundig an den Käufer
gebracht werden soll. Beispiel: die von einem Wilhelm
Kuhlmann in den schönsten Farben gepriesenen, farblo-
sen Exemplare aus dem einstmals deutschen und heute
polnischen Steinkohlerevier in Oberschlesien, Aktien

○ der Hohenlohe Werke,
○ des Oehringer Bergbaus,
○ der Preußengrube.

Auf heimischen Flohmärkten gibt's diese Oldtimer inzwischen für wenige Zehnmarkscheine.
Auf mitunter abenteuerlichen Wegen gelangten bis Mitte
der achtziger Jahre auch Aktien aus der DDR in den
Westen. Es handelt sich dabei nicht nur um Aktien etwa
aus Schlesien oder Ostpreußen, vielmehr befanden sich
auch Papiere wie Mannesmann oder Berlinische Leben
darunter. Sie stammten aus den unerschöpflichen Quellen
des Alexander Schalck-Golodkowski, der mit dem Verkaufserlös die Kassen von Honecker und Co. füllte.
Noch immer schlummern Mengen dieser Oldies aus dem
Nachlaß des obersten DDR-Devisenbeschaffers in deutschen und schweizerischen Tresoren. Womöglich werden

sie dort nicht mehr lange liegen. Kenner jedenfalls schließen nicht aus, daß sie im Zuge der Osteuphorie verstärkt auf den Markt drängen. Eingeweihte Sammler bleiben deshalb weiter auf Distanz.

So sollten Sie vorgehen

▷ Durchforsten Sie regelmäßig Auktionskataloge und Händlerlisten und achten Sie auf Osteuropa-Angebote – und kaufen Sie die Wertpapiere jetzt.

▷ Kaufen Sie am Alt-Effekten-Markt alles, was dem Auge gefällt. Dekorativen Papieren, egal aus welchem Land, gehört die Zukunft. Und knapp sind die Historischen jetzt schon.

▷ Geben sie Dividendenwerten generell den Vorzug vor Anleihen, denn sie sind weitaus seltener – vor allem in der Sowjetunion – und versprechen daher eine bessere Wertentwicklung.

▷ Historische Wertpapiere aus Branchen wie Automobil, Luftfahrt und Versicherungen sind besonders gefragt. Ihre Preise steigen daher schneller.

▷ Deutschsprachige Wertpapiere aus der DDR und aus Polen sind bis auf wenige Ausnahmen schon lange keine Raritäten mehr. Deshalb gilt für Sammler: Immer nur dann kaufen, wenn der Preis stimmt.

▷ Mißtrauen Sie den vielen fliegenden Händlern, die – auf Ihre Unkenntnis setzend – Massenware als Trouvaillen ausgeben. Der Fachhandel dagegen berät Sie seriös.

▷ Versäumen Sie keine Auktionen. Regelmäßige deutschsprachige Altpapier-Versteigerungen (mindestens zweimal im Jahr) bieten:

○ Freunde Historischer Wertpapiere in Frankfurt, Telefon 069/291452;

○ Auktionshaus Reinhild Tschöpe in Kaarst, Telefon 02101/602756;

○ Stadtsparkasse Ludwigshafen am Rhein, Telefon 0621/59920;

○ Vladimir Gutowski in Bornheim, Telefon 02222/61601;

○ HP-Verlag AG für Historische Wertpapiere in Bern, Telefon 0041/31/573552;

○ Handelsgesellschaft für Historische Wertpapiere GmbH in Wien, Telefon 0043/222/5128822.

Optionsscheine

Spielbälle für Spekulanten

Würden Sie eine Anleihe kaufen, die Ihnen nur einen Magerzins von 1,25 Prozent jährlich verspricht? Wahrscheinlich nicht. Das aber ist ein Fehler – denn als Lohn des Zinsverzichts kassieren Weitsichtige inzwischen 120 Prozent Kursgewinn zusätzlich.

Japans Suminoe Textile gehörte 1986 zu den kessen Unternehmen, die den deutschen Kapitalmarkt zum niedrigen Zinssatz von 1,25 Prozent anzapften. Die cleveren Japaner setzten freilich einen Lockvogel ein, der ihre billige Anleihe zum Renner machte. Den langweiligen Zinsschein koppelte Suminoe Textile mit Optionsscheinen, die zum Ankauf der Suminoe-Aktie berechtigen. Als anschließend die Börse von Tokio haussierte, mauserten sich auch die Optionsscheine zur Rakete. Die Anleihe mit den Scheinen schoß von 100 Prozent auf 220 Prozent.

Optionsanleihen stehen zwischen Aktien und Anleihen. Sie bieten zunächst einmal eine für die gesamte Laufzeit garantierte, feste Verzinsung. Darüber hinaus enthalten sie das Recht zum Bezug von Aktien innerhalb eines vorgegebenen Zeitraums. Der Clou: Der Kaufpreis liegt meist deutlich unter dem aktuellen Kurs der jeweiligen Aktie. Das Kaufrecht verkörpert (der auch Warrant genannte) Optionsschein. Macht der Käufer vom Bezugsrecht Gebrauch, geht die eigentliche Anleihe nicht unter, der Warrant jedoch verfällt. Da der Optionsschein auch von der Optionsanleihe getrennt gehandelt wird, gibt es an der Börse nach dem Auflegen einer Optionsanleihe regelmäßig drei Notierungen: die Optionsanleihe cum Optionsschein, die Optionsanleihe ex Optionsschein und schließlich den Optionsschein selbst. Von den drei Anlagevarianten schätzen die Börsianer die explosiven Optionsscheine am meisten; für die Anleihe »cum« können sie sich dagegen kaum erwärmen. Der Kapitaleinsatz ist vielen zu hoch, da sowohl der Anleihe-Teil wie auch der Optionus-Teil bezahlt werden müssen.

Ist erst einmal der Optionsschein von der Optionsanleihe »cum« getrennt, wird die Optionsanleihe »ex« zu einem ganz normalen Rentenpapier. Der Kurs des abgespeckten Zinspapiers richtet sich mithin ebenso wie die Notiz von Pfandbriefen oder Bundesobligationen nach der Höhe des Zinsniveaus am Kapitalmarkt und nach der jeweiligen Restlaufzeit. Die Laufzeiten von Optionsanleihen reichen bis zu zehn Jahren; getilgt wird in aller Regel zu 100 Prozent.

Zum Objekt der Begierde mauserten sich in der Super-Hausse seit 1982 freilich die auch separat erhältlichen Optionsscheine. Die begehrten Spielbälle der Spekulanten ließen sich in Spitzenzeiten sogar zu wahren Phantasiepreisen locker losschlagen. Beispiel: Frankfurts BHF-Bank plazierte im April 1990 Optionsscheine, die den Ankauf der Holzmann-Aktie ermöglichen. Die Bedingungen des Holzmann-Kaufrechts klangen damals utopisch: 1700 Mark (auch Bezugspreis genannt) wollten die BHF-Bankiers pro Bauaktie von den Spekulanten abkassieren. Zeitgleich waren stimm- und dividendenberechtigte Holzmann-Aktien an der Frankfurter Börse schon für 1500 Mark zu haben.

Doch die Differenz von 200 Mark befriedigte die Verkäufer noch nicht. Die BHF-Bank verlangte obendrein von Interessierten den Einsatz von zehn Optionsscheinen pro Holzmann-Aktie – zum Stückpreis von 42 Mark. Mithin mußten Mutige schon mal vorab 2120 Mark einkalkulieren, um an dem Spiel um höhere Holzmann-Kurse teilnehmen zu können. Die Differenz von 620 Mark nennen Profis treffend Aufgeld.

Mit dem dreistelligen Mehrpreis erkaufen sich Spekulanten in erster Linie Zeit. Im zitierten Holzmann-Fall reicht sie vom 23. April 1990 bis zum 23. Oktober 1991, zehn Uhr. Innerhalb dieser 18 Monate müssen wagemutige Käufer warten, ob sich die Holzmann-Aktie an der Börse über 2120 Mark hinaus handeln läßt. Daran hegten die Erstkäufer der BHF-Ware jedenfalls keinen Zweifel. Sie störten sich weder an der knappen Frist noch am üppigen Aufgeld. Schnell erreichten die Optionsscheine 52 Mark pro Stück. Spekulanten bilanzierten innerhalb eines Monats knapp 24 Prozent Profit. Holzmann-Aktionäre schafften im selben Zeitraum dagegen nur ein müdes Plus von knapp sieben Prozent. Die wundersame Diskrepanz heißt im Börsenjargon Hebel.

So funktionieren Optionsscheine
Die Spielregeln
Aktie A steht bei 100 Mark.
Wetten, in einem Jahr steht sie bei 120 Mark? !
Wer die Wette hält, ordert Optionsschein B. Der ermöglicht während der nächsten zwölf Monate den Ankauf der Aktie A zum Festpreis von 100 Mark. Das Kaufrecht kostet 10 Mark.

Das Spiel

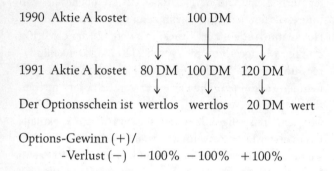

1990 Aktie A kostet   100 DM

1991 Aktie A kostet   80 DM   100 DM   120 DM

Der Optionsschein ist wertlos   wertlos   20 DM wert

Options-Gewinn (+)/
        -Verlust (−)   − 100% − 100%   + 100%

<u>Angebot</u>
Zwischen bald zehn Dutzend Optionsscheinen deutscher
Emittenten, einer sprunghafter als der andere, kann der
Anleger inzwischen wählen. Sie alle haben gegenüber der
Aktie, zu deren Bezug sie berechtigen, zwei entscheidende
Vorteile: Ihre Kurse steigen bei freundlicher Börse pro-
zentual stärker als die Notiz der Aktie, und sie erfordern
einen erheblich geringeren Kapitaleinsatz. Fast alle Optionsscheine werden nämlich an der Börse zu Preisen von
weniger als 50 Prozent des jeweiligen Aktienkurses gehandelt.
Indes üben die Optionsschein-Käufer ihr Optionsrecht
selten aus und planen den Verkauf über die Börse. Wer
von seinem Optionsrecht keinen Gebrauch macht, sollte
aber beachten: Der Optionsschein wirft weder Zins noch
Dividende ab, er ist auch nicht durch Substanz abgesi-
chert. Schließlich: Optionsscheine haben nur eine kurze
Lebensdauer. Am Ende verfallen sie – wenn die Rechnung
nicht aufgeht.

Bewertung

Um dem schmerzlichen Aus – sprich: Totalverlust – am Laufzeitende zu entgehen, sollten potentielle Options-schein-Käufer zunächst sämtliche Konditionen ihres anvi-sierten Scheins erkunden. Anschließend können sie sim-pel kalkulieren: Vergleichen Sie Kurs der Aktie an der Börse und Kurs des Optionsscheins plus Ausübungskurs. Im fairsten Fall kostet die Aktie beispielsweise 100 Mark und der Bezugspreis beträgt 90 Mark. Dann zahlen Sie für das befristete Kaufrecht zehn Mark (Aufgeld Null). Steigt nun die Aktie auf 120 Mark, dann muß Ihr Kaufrecht 30 Mark wert sein. Da dieser Ideal-Fall nie eintritt, müssen Spekulanten nach der oben genannten Formel kalkulie-ren. Liegt dann der zweite Teil der Gleichung 20 Prozent über dem Aktienkurs (der Preis der Optionsscheine be-trägt also 30 Mark), sollten sogar ausgesprochene Zocker den Schein meiden. In ihm steckt zu viel heiße Luft. So die Faustregel.

Um eine objektivere Bewertung der Scheine mühen sich mit Hilfe mathematischer Formeln Universitätsprofesso-ren und zahlenverliebte Tüftler in den Banken. Die Bank in Liechtenstein (BiL), Filiale Frankfurt, beispielsweise publiziert regelmäßig kritische Daten zu knapp 100 Schei-nen. Auch das Bankhaus Schröder Münchmeyer Hengst & Co sowie die BHF-Bank fallen mit ihren akribischen Schein-Analysen positiv auf.

Mit ihrem Feuerwerk an Zahlen hofft etwa die BiL die Hilflosigkeit deutscher Spekulanten zu überwinden, die oft in Mondpreisen für Optionsscheine gipfelt. Gegen allzu freihändige Kurse füttern die BiL-Experten folgende Parameter in ihren Computer:

○ Kurs der Aktie
○ Bezugspreis der Aktie
○ Restlaufzeit der Option
○ Zinssatz für risikolose Anlagen
○ Beweglichkeit (Volatilität) der Aktie in der Vergangenheit
○ Dividendennachteil der Option
○ Eigenkapitalverwässerung bei Ausübung des Optionsrechts

Am Ende der aufwendigen Rechnerei bilanziert die Bank dann für jeden Optionsschein einen theoretisch richtigen Preis. Liegt der aktuelle Börsenkurs höher, so diagnostiziert der Computer eine Überbewertung des Scheins. Umgekehrt dürfen sich Spekulanten über das Urteil »unterbewertet« freuen.

Dennoch führt das Prädikat »unterbewertet« nicht immer zu einer Kaufempfehlung. Wichtigste Voraussetzung: Die Aktie muß ein passables Kurspotential haben. Ob freihändiges Abwägen der Preise oder computergestützte Bewertungsmodelle – ohne klaren Aufwärtstrend läuft mit den reinen Hausse-Instrumenten überhaupt nichts.

Gedeckte Optionsscheine

Stellen Sie sich vor, Japans Toyota hält bereits 49,5 Prozent an Bayerns BMW. Um die noch zur Mehrheit fehlenden 75 000 Stücke der edlen Münchner PS-Schmiede möglichst ohne größeres Aufsehen einzuheimsen, läßt Toyotas Finanzchef klammheimlich sogenannte gedeckte – oder international covered Warrants – BMW-Optionsscheine aufkaufen.

Merrill Lynch Bank AG

Frankfurt am Main

1.000.000 unterlegte Optionsscheine

zum Erwerb von Inhaberaktien der

Daimler Benz AG

Emittentin:	**Merrill Lynch** Merrill Lynch Wertpapiere GmbH
Emissionspreis:	Der Verkaufspreis wird fortlaufend festgelegt. Der Emissionspreis zu Verkaufsbeginn beträgt DM 36,– je Optionsschein zuzüglich der üblichen Provisionen.
Optionsrecht:	Jeweils 5 Optionsscheine berechtigen den Inhaber zum Erwerb von jeweils einer Inhaber-aktie im Nennwert von DM 50,– der Daimler Benz AG. Das Optionsrecht kann während der Ausübungsfrist jederzeit ausgeübt werden (Amerikanische Option), jedoch nur für mindestens 100 Optionsscheine oder ein ganzes Vielfaches davon.
Ausübungspreis:	DM 870,– für jeweils eine Inhaberaktie im Nennwert von DM 50,– der Daimler Benz AG
Ausübungsfrist:	06. Juni 1990 bis 15. Juli 1991, 10.00 Uhr Ortszeit Frankfurt am Main.
Verbriefung/Lieferung:	Die Optionsscheine sind in einem bei der Deutscher Kassenverein Aktiengesellschaft hinterlegten Inhaber-Sammeloptionsschein verbrieft. Effektive Optionsscheine werden nicht ausgegeben.
Börsennotierung:	Es ist vorgesehen, die Optionsscheine in den Freiverkehr der Frankfurter Wertpapier-börse einzubeziehen.
Valutierung:	05. Juni 1990
Optionsstelle:	Merrill Lynch Bank AG, Frankfurt am Main.
Wertpapier-Kenn-Nr.:	807 669
Market Making:	Die Merrill Lynch Bank AG wird während der Laufzeit der Optionsscheine jederzeit einen Kurs stellen. Die jeweiligen Kurse sind im Reuters Informationssystem (Seite MLFR/MLFS) abrufbar.

Die Optionsscheinbedingungen können nach Valutierung bei der Merrill Lynch Bank AG, Neue Mainzer Straße 75, 6000 Frankfurt am Main 1, angefordert werden.

Die Optionsscheine werden von der Merrill Lynch Bank AG sowie der Girozentrale und Bank der österreichischen Sparkassen AG, Wien zum freibleibenden Verkauf gestellt.

Frankfurt am Main, im Mai 1990

Merrill Lynch Bank AG

**Girozentrale und Bank
der österreichischen Sparkassen
Aktiengesellschaft**

Diese junge Kreation am Optionsmarkt enthält Kaufrechte, für die eine Bank oder eine Versicherung Aktien auf Abruf bereithält. Bei den traditionellen Optionsscheinen beschafft die emittierende Gesellschaft selbst per Kapitalerhöhung die gewünschten Aktien. Bei der gedeckten Variante muß der bewußte Dritte, auch Stillhalter genannt, auf Verlangen des Optionsschein-Inhabers die Aktien zu einem bestimmten Preis (Bezugspreis) herausrücken.

Den Versicherungen, die meist die Rolle des Aktienhalters übernehmen, ermöglicht die Veroptierung ruhender Aktienbestände zu Höchstkursen eine relativ risikolose Aufbesserung der Portefeuille-Rendite durch die Optionsprämien.

Wenn der Optionsschein-Spekulant mit seinem gedeckten Geschäft nicht auf die Nase fallen will, muß er allerdings ebenso kritisch rechnen wie bei den klassischen Optionsscheinen. Lassen Sie sich von neuen Kreationen am Optionsschein-Markt nie blenden. Nicht das Tam-Tam der Banken zählt, sondern die nüchterne Kalkulation der Konditionen sowie der künftige Aktientrend.

Gleich links liegen lassen können Sie die gedeckten Optionsscheine auf einen Korb von Aktien. Beispiele solcher Korbkonstruktionen: Der »Paribas Grün« enthält Aktien aus dem Bereich Umwelttechnik und Umweltschutz (RWE, Thyssen, Metallgesellschaft, Bilfinger + Berger, Strabag, GEA und KSB). »Paribas Rot« vereinigt Aktien mit Ostphantasie (Siemens, RWE, Thyssen, VW, Daimler Benz, Metallgesellschaft, Maho und Traub). Ein Maschinenbau-Korb setzt sich aus Hoesch, Mannesmann und Thyssen zusammen. Bleibt die Frage, wer – außer hochdotierten und computergestützten Profis – solche Optionsscheine bewerten will.

Wagen Sie einen Versuch mit dem Korb aus einer Allianz,
drei BHF-Bank, drei Deutsche Bank, fünf Dresdner Bank,
eine Münchner Rück und zwei Industriekreditbank –
Ausübungskurs 13030 Mark, Laufzeit bis 20. Juli 1992,
Bezugsverhältnis 50 zu 1.

Tab.: Die heimischen Optionsscheine und ihre Konditionen

WPNr.	Options-schein		Lauf-zeit	Bezugspreis der Aktie
500997	AGAB	87–94	31.01.94	173,00
840409	Allianz	89–96	29.03.96	1840,00
504705	ANZAG	86–96	31.08.96	163,00
505717	ASKO Vz A	86–93	04.02.93	1106,00
508859	AVA	89–99	05.02.99	600,00
515109	BASF	85–94	30.11.94	145,00
870732	BASF	86–01	09.04.01	308,00
575204	BAYER	85–95	01.03.95	168,00
575206	BAYER	84–94	28.02.94	140,00
575210	BAYER	87–97	28.08.97	330,00
802006	Bay. Hypo	86–96	01.07.96	501,00
802007	Bay. Hypo	85–94	01.02.94	377,00
802012	Bay. Hypo	89–93	15.10.93	400,00
802329	Berl. Bank	86–94	15.11.94	244,63
521459	Bl. Elek.	89–99	01.06.99	1430,00
802505	BHF	86–98	30.09.98	523,00
802509	BHF	85–95	31.07.95	323,00
802511	BHF	89–93	25.10.93	440,00
802512	BHF	89–96	25.10.96	440,00
543907	Conti	84–94	31.01.94	119,00
543909	Conti	86–96	12.09.96	319,93
543910	Conti	87–97	06.10.97	352,00
551207	Degussa	83–93	02.05.93	243,00
804017	Dt. Bank	87–92	15.12.92	680,00

Quelle: Schröder Münchmeyer Hengst & Co

Tab.: Die heimischen Optionsscheine und ihre Konditionen

WPNr.	Options-schein		Lauf-zeit	Bezugspreis der Aktie
804019	Dt. Bank	86–96	28. 02. 96	793,00
867692	Dt. Bank	83–91	18. 06. 91	321,33
553707	Didier	85–95	30. 11. 95	180,00
609907	Douglas	86–95	15. 12. 95	330,00
804615	Dresd. Bank	84–92	01. 09. 92	142,11
804619	Dresd. Bank	83–93	19. 10. 93	160,11
804620	Dresd. Bank	86–96	18. 03. 96	355,26
804622	Dresd. Bank	86–91	06. 11. 91	383,68
588722	Glunz	89–92	20. 06. 92	223,00
588729	Glunz	89–93	20. 06. 93	223,00
604847	Henkel	87–94	07. 10. 94	495,45
869428	Herlitz	84–94	30. 11. 94	218,00
605319	Herlitz	89–99	30. 07. 99	225,00
575806	Hoechst	83–93	01. 02. 93	111,00
620007	Hoesch	86–96	01. 08. 96	164,00
620009	Hoesch	89–94	28. 09. 94	247,00
781905	Kaufhof	86–98	01. 09. 98	482,00
781907	Kaufhof	84–94	01. 11. 94	227,00
781909	Kaufhof	85–95	19. 12. 95	315,00
632039	Kolbens.	89–99	29. 06. 99	240,00
633507	Krones	87–94	02. 03. 94	680,00
869400	Linde	84–94	15. 12. 94	343,33
656947	Markt & T.	87–94	05. 10. 94	800,00
660207	Metallg.	86–96	31. 05. 96	300,00
660209	Metallg.	87–97	01. 10. 97	320,00
775619	Nixdorf	87–93	30. 11. 93	702,00
695207	Preussag	84–91	15. 11. 91	159,00
688987	PWA	86–94	10. 04. 94	147,00
703709	RWE VzA	86–96	20. 03. 96	185,00
730507	Salamander	86–96	31. 07. 96	260,00
871073	Siemens	86–92	19. 06. 92	620,00

Quelle: Schröder Münchmeyer Hengst & Co

Tab.: Die heimischen Optionsscheine und ihre Konditionen

WPNr.	Options-schein		Lauf-zeit	Bezugspreis der Aktie
728206	Stumpf	81–91	28.02.91	50,00
811519	Trinkaus	86–96	29.11.96	375,00
761447	VEBA	83–93	15.12.93	166,00
762627	VIAG	87–97	05.09.97	114,00
766407	VW	86–95	30.11.95	382,00
766409	VW	86–01	01.08.01	465,00
766410	VW VzA	88–98	27.10.98	238,00
776567	Wella	86–96	18.03.96	720,00
785219	Zand. VzA	88–98	30.11.98	188,00

Quelle: Schröder Münchmeyer Hengst & Co

Tab.: Die gedeckten Optionsscheine und ihre Konditionen

WPNr.	Options-schein	Be-merk.	Lauf-zeit	Bezugspreis der Aktie
Bankers Trust:				
800762	Bay. Hypo	2	01.03.91	420,00
800710	BMW	2	04.10.91	595,00
800760	DLW	3	19.08.91	755,00
800711	Commerzbk.		09.10.91	232,00
800713	Metallges.	2	12.08.91	447,00
800712	Nixdorf	2	07.10.91	350,00
800763	VIAG	2	01.03.91	382,00
Commerzbank:				
803211	BMW	2	15.04.91	650,00
803212	VW VzA	2	19.09.91	405,00

1 = Bezugsverhältnis 4:1
2 = Bezugsverhältnis 2:1
3 = Bezugsverhältnis 3:1
4 = Kurs Aktie hier: Kurs des Optionsscheins VW 88/89 (VzA)
ohne Bemerkung: Bezugsverhältnis 1:1

Quelle: Schröder Münchmeyer Hengst & Co

Tab.: Die gedeckten Optionsscheine und ihre Konditionen

WPNr.	Options-schein	Be-merk.	Lauf-zeit	Bezugspreis der Aktie
CSFB Effectenbank:				
546637	Coba 89−90	2	20.12.90	250,00
546638	Coba 89−91	2	19.09.91	273,00
546633	Conti	1	17.07.91	330,00
546632	Mannesm.	2	27.09.91	255,00
546635	Mannesm. II	2	17.04.91	272,00
546634	Mercedes	1	25.09.91	687,00
546636	Thyssen	2	28.05.91	233,00
546640	Thyssen II	2	24.01.91	295,00
546631	VEBA	2	19.09.91	368,00
546642	VIAG	2	13.02.91	395,00
546630	VW StA	2	19.09.91	500,00
546639	VW StA II	3	17.01.91	567,00
DG-Bank:				
804127	AGAB		31.03.93	164,00
Dresdner Bank:				
804630	RWE StA		27.09.91	360,00
804631	Bilf. Berger	2	27.09.91	550,00
Morgan Stanley:				
662435	RWE StA	2	08.10.91	360,00
662442	VW StA	1	15.02.91	553,00
Sal. Oppenheim:				
808910	Mann. Vers.	1	20.09.91	1029,00
Trinkaus & Burkhardt:				
811529	Schering	1	18.09.91	750,00
811528	Thyssen		13.09.91	250,00
877630	Trinkaus		04.09.92	445,00
811527	VIAG		06.09.91	360,00
811547	VW 88−98	4	07.02.91	235,00
Warburg-Brinckmann, Wirtz:				
811875	Spar VzA	2	20.09.91	350,00

1 = Bezugsverhältnis 4:1   4 = Kurs Aktie hier:
2 = Bezugsverhältnis 2:1   Kurs des Optionsscheins
3 = Bezugsverhältnis 3:1   VW 88/89 (VzA)

Quelle: Schröder Münchmeyer Hengst & Co

Optionen

Endlich: Nach Chicago und New York, London und Zürich verfügt seit Januar 1990 auch Frankfurt über eine funktionsfähige Optionsbörse. Diese Terminbörse übt einen enormen Reiz aus. Vor allem: Sie können jederzeit an der Börse Geld machen, ganz egal, ob der Aktientrend nach oben oder nach unten geht. Und Sie können Ihre Aktien sogar gegen Verluste absichern. Das ist ein entscheidender Unterschied zu den zuvor beschriebenen Optionsscheinen. Die enthalten nur Kaufrechte und können ihren Charme nur bei steigenden Aktienkursen entfalten. Zweiter Unterschied: Optionsscheine haben eine längere Laufzeit – zum Beispiel bis ins Jahr 2001 – als die nur wenige Monate existierenden Optionen. Daher sind die auch optisch viel billiger.

Die Verbindung aus niedrigem Preis und knapper Laufzeit macht die Optionen so attraktiv. Beweis: Eine Aktie steigt um 17 Prozent, ihre dazugehörige Option explodiert parallel um 456 Prozent. Das Märchen vom raschen Börsenglück wurde im Februar 1990 wahr. An der Heimatbörse in München stiegen BMW-Aktien in der kurzen Zeit vom ersten Februar bis zum 13. Februar von 552 Mark auf 632,50 Mark. Parallel dazu handelten Makler an der just im Februar auf Touren gekommenen Deutschen Terminbörse (kurz DTB) Kaufrechte auf jene Münchner PS-Papiere von neun Mark auf 50 Mark. Spekulationsgewinn: 456 Prozent.

Hinter den explodierten Kaufrechten – im Branchenjargon Calls genannt – verbarg sich der Anspruch, BMW-Stammaktien bis zum 16. März 1990 zum Festpreis von 600 Mark erwerben zu können. Die Spekulation um einen möglichen Großaktionärswechsel bei dem Quandt-Unternehmen trieb dieses befristete Recht auf 50 Mark. Optimisten waren also im Februar bereit, für den Einstieg bei BMW 650 Mark aufzuwenden – obwohl die Aktie selbst erst bei 632,50 Mark notierte. Dieses profitable Spiel sollte jeder Aktienfan kennenlernen.

Kaufoptionen für die Hausse

Seitdem mit der Deutschen Terminbörse hierzulande die neunte Börse eröffnete, stehen Geldanleger in guten Börsenphasen vor einem neuen Entscheidungsproblem: Statt für Aktien immense Preise zu zahlen, können sie nun auch zum Rabattpreis Kaufoptionen erwerben.

Kaufrechte auf eine Allianz-Aktie zum Beispiel kosten an der frisch installierten DTB nur knapp zwei Hunderter. Da ein Optionspaket immer aus 50 Aktien besteht, erfordert der Erwerb einer Allianz-Kaufoption also nicht einmal zehn Tausender. Der Kapitaleinsatz beträgt bei diesem Umweg nur einen Bruchteil des Betrages, den Sie für 50 Allianz-Aktien aufwenden müssen. Seit Eröffnung der DTB existieren für weitere 13 deutsche Standardwerte solche Vorkaufsrechte. Optimisten, die sich für Bayer oder VW stark machen, ordern auch mal deren optisch billige Optionen.

Besonders billig offeriert die DTB kurzfristige Kaufrechte, die manchmal schon für wenige Groschen den Ankauf der Aktie zu einem höheren Kurs als dem Tageskurs ermöglichten, der Fachjargon spricht von Mondpreisen. Faustregel: Je höher der Basispreis (zu dem die Aktie bezogen werden kann), desto niedriger der Optionskurs. Diese Groschenware verheißt tollen Profit, falls die Aktie über den vereinbarten Preis abhebt. Viel Zeit bleibt ihr freilich nicht, denn eine unschöne Eigenart der Optionen läuft gegen den Inhaber: Die Laufzeit der Rechte ist begrenzt. Sie kann von wenigen Tagen bis zu maximal sechs Monaten reichen. Der Anleger verfügt mal über mehr, mal über weniger Wartezeit, bis seine Trendeinschätzung aufgeht. Wer kurze Fristen bevorzugt, zahlt zwar einen geringen Preis pro Option, geht aber ein höheres Risiko ein.

So funktionieren Kaufoptionen

Von den beiden Optionsarten bleiben die Kaufoptionen die gefragtere Variante. Das hat einen ganz einfachen Grund: Kaufoptionen sind besser zu verstehen.

Nehmen wir einmal an, die Aktie X sei an der Börse für 200 Mark zu haben. Annahme Nummer 2: Wenn Sie eine Kaufoption mit dem Basispreis 200 Mark auf diese X-Aktie erwerben würden, wären zum Beispiel nur 30 Mark pro Stück fällig. Jetzt geht die Rechnung folgendermaßen:

O Während der Laufzeit der Option muß die Aktie auf mehr als 230 Mark steigen, damit das Optionsgeschäft für den Erwerber aufgeht. Denn beim Börsenkurs von 230 Mark muß der rechnerische Wert des Kaufrechts bei 30 Mark liegen. Der Optionsdeal endet unter diesen Bedingungen plus/minus null.

O Bei Aktienkursen zwischen 200 und 230 Mark liegt der Wert des Kaufrechts zwischen Null und 30 Mark. Der Optionseigner muß mithin einen Verlust realisieren. Ma-

ximal aber kann dieses Minus nur 30 Mark (plus Spesen)
erreichen. Bei Aktienkursen unter 200 Mark wird die
Kaufoption wertlos. Kein Optimist würde Geld für das
Kaufrecht geben, wenn er die Aktie direkt an der Börse für
weniger als 200 Mark kaufen könnte. Im Klartext: Das
Verlustrisiko einer Kaufoption beschränkt sich auf die
Höhe des gezahlten Optionspreises (mal Stückzahl). Klar
aber auch: Im schlimmsten Fall ist Ihr gesamter Einsatz
perdu.

○ Umgekehrt kann die Kaufoption jeden denkbaren Preis
erreichen, wenn die Aktie über 230 Mark hinaus steigt.
Bei einem Börsenkurs von beispielsweise 320 Mark liegt
der Wert des Kaufrechts rechnerisch mindestens bei 120
Mark. Nach Abzug des Einsatzes von 30 Mark verbleibt
beim Spekulanten mithin ein Profit von 90 Mark pro
Aktie. Im Klartext: Der Optimist saldiert satte 300 Prozent Überschuß.

Je höher also die hinter der Kaufoption stehende Aktie am
Fälligkeitstag über dem Basispreis liegt, desto größer der
Ertrag für den Besitzer der Kaufoption. Realisiert er den
Profit außerhalb der sechsmonatigen Spekulationsfrist,
bleibt das Plus steuerfrei.

Ihre Strategie für Kaufoptionen

Wer der grassierenden Ost-Phantasie innerhalb und
außerhalb der bundesdeutschen Grenzen traut, müßte
sein Depot längst mit VW-Anteilen vollgestopft haben.
Die Wolfsburger siedeln am ehemaligen Zonenrand und
geraten schon allein wegen dieses Vorteils auf die Empfeh-
lungsliste ausländischer Anleger. Zweiter Vorteil: VW
unterhält bereits seit den siebziger Jahren Geschäftskon-

takte zur früheren DDR und ist deshalb geradezu prädestiniert für eine unternehmerische Vorreiterrolle.

Mit VW-Anteilen im Depot erhoffen sich Volkswagen-Eigner schon bald einen üppigen Profit – im Fachjargon auch Performance genannt. Den fest einkalkulierten Zugewinn versuchen Aktionäre mit Freude am Risiko noch zu steigern. Zusätzlich zum Bestand an VW-Anteilen ordern sie Kaufoptionen auf VW-Aktien. Mit ihnen partizipieren sie während der Optionsfrist überproportional an weiteren Avancen der VW-Notiz.

Diesen Weg können auch Aktionäre einschlagen, die in ihrem Aktiendepot bisher ausschließlich auf Bayerns BMW oder das Konglomerat unter dem Mercedes-Stern setzten. Um den Auto-Anteil am Depot durch den Zukauf von VW-Anteilen nicht in ungesunde Dimensionen zu erhöhen, reichen relativ wenige Mittel, um via Kaufoptionen als Trittbrettfahrer bei den Wolfsburgern aufzuspringen. Die Preise für die Kaufoptionen liegen unter zehn Prozent des aktuellen VW-Aktienkurses.

Sollte VW an der Börse den Rückwärtsgang einlegen, verliert der Options-Halter seinen gesamten Einsatz. Der Kursverlust beim Direktengagement kann freilich absolut viel höher ausfallen.

In einem Punkt allerdings bleibt die Aktie der Option überlegen. Während die Kaufrechte nach einigen Monaten erlöschen, existieren Aktien weiter. Sollte der Aktienkurs während der Optionsfrist stagnieren, aber kurz nach dem Verfalltag explodieren, geht der Options-Eigner leer aus – eine leidvolle und teure Erfahrung, die viele Spekulanten in der Vergangenheit machen mußten. Wer sich dagegen am Aktienmarkt engagiert, profitiert voll vom späten Start der Dividendenwerte.

Dem Vorteil der hohen Gewinnchance der Option steht
also ein Nachteil gegenüber – der Zeitfaktor. Doch müssen
Optionsinhaber auf die Option keineswegs wie Kaninchen
auf die Schlange starren. Die Eigner der kurzlebigen
Spekulationsobjekte können aktiv gegensteuern. Geht ihrer Option die Puste aus, hilft bisweilen ein schneller
Verkauf über die Deutsche Terminbörse, um noch ein
kleines Trostpflaster in bar mitzunehmen. Wer zu lange
wartet, kann bei falscher Trendeinschätzung am Ende
jedoch nichts mehr erwarten. Wichtiges Werkzeug der
Options-Eigner mithin: der Terminkalender. Weitsichtige Spekulanten verlassen sich nicht auf ihre Depotbank.
Die wird nicht immer rechtzeitig über das nahende Ende
der kurzlebigen Ware informieren.

Verkaufsoptionen für die Baisse

Wie der Baisse-Deal laufen kann, bewiesen die Oktobertage
von 1989. Damals wurde selbst im nur mangelhaft funktio-
nierenden alten Frankfurter Optionshandel schnelles Geld
verdient. Als die Aktien des Stahlkochers Thyssen am
5. Oktober noch bei 260 Mark notierten, kauften weitsichtige Pessimisten rechtzeitig Verkaufsoptionen.
Das Recht, die Thyssen-Aktie bis Mitte Januar 1990 zu
260 Mark (Basispreis) verkaufen zu können, kostete damals 15 Mark (Optionspreis) pro Aktie. Elf Tage später,
als im zweiten Börsen-Crash Thyssen-Anteile nur noch
220 Mark notierten, war dieses Verkaufsrecht plötzlich
phantastische 40 Mark wert. Flotte Spekulanten konnten
auf diese Weise trotz heftiger Kurs-Talfahrt stolze 166
Prozent Gewinn bilanzieren.

Wermutstropfen bei aller Options-Euphorie: Zunächst offeriert die DTB lediglich auf 14 heimische Standardwerte Verkaufsoptionen. Coop-Eigner etwa, die sich gegen fallende Kurse der Konsumkette schützen wollten, fanden an der DTB keinen Geschäftspartner. Ihnen gewährte Deutschlands Börse Nummer neun keinen Versicherungsschutz.

So funktionieren Verkaufsoptionen

Was für Kaufoptionen gilt, rechnet sich auch bei der entgegengesetzten Variante – den Verkaufsoptionen. Zum Beispiel: Eine Aktie kostet an der Börse 200 Mark und eine Verkaufsoption, die das Recht enthält, die Aktie zum Festpreis von 200 Mark verkaufen zu können, notiert gleichzeitig bei 20 Mark. Dann kalkuliert der Inhaber der Verkaufsoption wie folgt:

O Steigt die Aktie dauerhaft über 200 Mark, ist dieses Verkaufsrecht wertlos. Das Papier über die Börse zu höheren Kursen abzustoßen, ist sinnvoller als ein Verkauf an den Optionskontrahenten zu den vereinbarten 200 Mark. Die Verkaufsoption muß abgeschrieben werden, der Verlust für den Eigner der Option beträgt 20 Mark plus Spesen.

O Rutscht der Dividendenwert dagegen unter 180 Mark, lohnt die Ausübung der Option. Der Kontrahent muß 200 Mark an den Optionsinhaber zahlen. An der Börse würde die Aktie dagegen nur 180 oder 170 Mark oder noch weniger einbringen. Je nach tatsächlichem Börsenkurs muß das Verkaufsrecht zu 200 Mark rechnerisch 20 Mark, 30 Mark oder noch mehr wert sein. Dieser Betrag stellt sich im Handel mit der Verkaufsoption ein; er läßt sich aber auch über die Ausübung der Option realisieren. Wer die Option nicht weiter veräußern, sondern ausüben will, kalkuliert so: Eindeckung der Aktie an der Börse zu beispielsweise 160 Mark und Verkauf an den Stillhalter zu 200 Mark. Differenz 40 Mark, Profit nach Abzug des Einsatzes von 20 Mark mithin 20 Mark oder 100 Prozent.

○ Schwankt das negativ beurteilte Papier dagegen lediglich zwischen 180 und 200 Mark hin und her, wird die Verkaufsoption nur Wiederverkaufspreise zwischen 20 Mark und null Mark erzielen. Dem Inhaber der Verkaufsoption droht dann ein Verlust, den Spesen noch weiter erhöhen.

Wie bei Kaufoptionen kann der Investor bei Verkaufsoptionen simpel kalkulieren. Sein maximaler Verlust ist auf den Preis der Verkaufsoption beschränkt (plus Spesen). Seine Gewinnchance dagegen ist wesentlich größer. Ihre einzige Grenze: Unter Null kann die Aktie nicht fallen.

Ihre Strategie für Verkaufsoptionen

Erinnern Sie sich? Im ersten Crash 1987 büßten Wolfsburger VW-Anteile innerhalb einer Woche satte 25 Prozent ihres Kurswertes ein. Im zweiten Crash, zwei Jahre später, betrug der Wochenverlust erneut 100 Mark oder 18 Prozent. An der Deutschen Terminbörse finden Aktienanleger für immerhin 15 Dividendenwerte einen Versicherungsschutz vor Crashs – in Form von Verkaufsoptionen. Ein Beispiel illustriert die jetzt mögliche Strategie pessimistischer oder auch nur vorsichtiger Investoren, die 250 VW-Aktien im Depot halten.

Ihre Marktbeurteilung zum aktuellen Zeitpunkt: Längerfristig mag eine positive Grundstimmung für den deutschen Gesamtmarkt im allgemeinen wie speziell für VW dominieren, aber kurzfristig ist mit Verkaufsdruck auf dem hohen Niveau zu rechnen. Dem VW-Kurs drohen mithin in den nächsten Wochen Einbußen.

Wer so denkt, muß sich zwischen Teilverkäufen und dem Abstoßen seiner kompletten VW-Position entscheiden. In der Hoffnung natürlich, die Anteile zu einem späteren Zeitpunkt billiger zurückzukaufen. Das Problem: Bleibt der erwartete Kursrückgang aus, muß der Pessimist ohne eigene Aktien der nächsten Hausse teilnahmslos zusehen. Die Deutsche Terminbörse eröffnet dem VW-Eigner nun eine dritte Variante. Er hält an seinen VW-Papieren fest und ordert Verkaufsoptionen darauf. Die schützen ihn vor möglichen Kursverlusten, weil sie ihm während einer bestimmten Frist den Verkauf seiner Aktien zu einem vorgegebenen Kurs garantieren. Sollte die VW-Aktie haussieren, läßt der Versicherte seine Option verfallen und partizipiert voll am Kursaufstieg des Pkw-Papiers. Konsequenz: Vorsichtige ordern im VW-Fall Verkaufsoptionen über zusammen 250 Aktien. Als Basispreis, zu dem der Vorsichtige während der Optionslaufzeit verkaufen kann, wählt er einen Kurs, der nahe am aktuellen Börsenkurs des Pkw-Papiers liegt. Die Kosten dieses Versicherungsgeschäfts liegen bei dieser Variante bei vier Prozent. Allzu oft sollten sich potentielle Options-Fans freilich nicht zu solchen Versicherungs-Deals hinreißen lassen. Bleibt nämlich der Versicherungsfall aus, zehrt die immer wieder investierte Zitterprämie (Optionspreis) bei der Endabrechnung den potentiellen Gewinn im Aktienportefeuille auf. Fazit: Überversicherung lohnt wie schon im Privatleben auch an der Börse nicht.

Vorschlag für eine konservative Strategie am Optionsmarkt

Die Deutsche Terminbörse bietet überraschenderweise auch konservativ gesinnten Aktienfans reichlich Spielmaterial. Den richtigen Umgang damit machen ihnen die Profis seit Monaten vor. An einem Donnerstag im März 1990 nämlich tauchten plötzlich Deutschlands Spezialfonds an der DTB auf. Diese Fondsgruppe verwaltet Gelder für Versicherungen, Stiftungen, Pensionskassen und ähnliche institutionelle Anleger.

Ein Teil dieses kapitalen Vermögens kommt in Form von Stillhaltergeschäften an den Optionsmarkt. Denn die potenten Vermögensverwalter wollen Kaufoptionen (Calls) verkaufen und mit ihren riesigen Aktien-Beständen stillhalten. Sie kassieren für ihre Geduld den Optionspreis, der sich zusammen mit den Dividendeneinnahmen zu einer ansehnlichen Rendite auf ihre Aktienpositionen summiert.

Auch private Aktionäre mit größeren und relativ unbeweglichen Depots sollten diese Strategie kopieren. Ein Beispiel: Die sicherlich in jedem Depot reichlich vertretenen BASF-Aktien brachten zuletzt 14 Mark Dividende ein. Den gleichen Betrag können Calls abwerfen. Zusammen mit der Steuergutschrift auf die Dividende winken also knapp 36 Mark Ertrag. Einziger Nachteil: Er ist voll steuerpflichtig.

So handeln Sie Optionen

Wer erstmals sein Glück an der DTB wagen will, muß zuvor seine Hausaufgaben machen. Wenigstens das Auftragsformular sollte jeder Investor verstehen. Wie tönte doch das Sprachrohr aller Aktionäre, die Zeitschrift *Das Wertpapier*: »Die DTB wird eine hochprofessionelle Veranstaltung, jeder Dilettantismus wird bestraft.«

Stückzahl

Eine Option lautet immer über 50 Aktien. Wer 20 Optionen ordert, muß den Optionskurs mit 1000 multiplizieren, um seinen Kapitaleinsatz zu kalkulieren.

Aktienname und Optionsart (A × B)

Optionsfans achten besonders auf die korrekte Bezeichnung der gewünschten Option. Wer eine Kaufoption (im Englischen Call) haben möchte und durch einen Auftragsfehler Verkaufsoptionen (im Englischen Put) erhält, handelt sich reichlich Ärger ein.

Laufzeit (C)

Die Laufzeiten der DTB-Optionen sind standardisiert. Der Handel offeriert Optionen mit Laufzeiten von eins, zwei, drei und sechs Monaten. Fälligkeitsmonate können laut DTB-Regeln aber nur die Monate März, Juni, September und Dezember sein. Letzter Handelstag ist jeweils der dritte Freitag des Verfallmonats. Spätestens dann muß sich der Options-Eigner entscheiden, ob er verkaufen oder seine Rechte ausüben will. Die zweite Alternative gilt nicht bei Allianz-Optionen. Hier vergütet die DTB lediglich die Kursdifferenz zwischen Basispreis und tatsächlichem Börsenkurs.

Basispreis (D)

Angabe des Kurses, zu dem die Option ausgeübt werden kann. Grundsätzlich bietet die DTB drei Preise pro Aktie an: Einer liegt etwa auf dem Niveau des aktuellen Aktienkurses; ein Preis liegt unter und einer über dem Börsenkurs. Die jeweiligen Abstände sind genau definiert. Optionen mit neuen Basispreisen entstehen, sobald sich die Aktie deutlich von ihrem Ausgangsniveau entfernt.

Optionspreis (E)

Der Preis, den sogenannte Stillhalter für ihre Geduld

ORDER-Eingabe falls nicht zutreffend, bitte ankreuzen	Order-Änderung AEN	Order-Löschung LOE	Eingabe Ausübung UEB-E	Löschung Ausübung UEB-L	OR

☐ telefonisch vorab

DTB - Options-Kaufauftrag an Deutsche Bank

Kombinationsart:
☐ Vertical Call Spread ☐ Horizontal Call Spread ☐ Straddle ☐ Conversion
☐ Vertical Put Spread ☐ Horizontal Put Spread ☐ Strangle

Filial-Nr	Depot-Nr	UO	Käufer
100	9,152952	00	helga Hayes

	Open (O) Close (C)	Anzahl der Kontrakte	Kontraktbezeichung *) Basiswert Call/Put	Fälligkeit	Basispreis	Versions-Nr	Limit	Gültigkeit/Restriktion
K	O	20	DBk C (A) (B)	Dez. (C)	700 (D)		50 Ⓔ	bis auf Widerruf (UK) Konto-Nr (falls abweichend)

☐ keine Bestätigung (00)

Hiermit verpflichte ich mich auf Ihre schriftliche Bestätigung über die Vormerkung des obigen Kaufauftrages hinzu. Gebührenfrei.
Bei ohne Kursbegrenzung oder billigst erteilten Aufträgen, die Sie im Eigenhandel ausführen, wollen Sie den Kurs nach billigem Ermessen (§ 315 BGB) bestimmen.

Datum und Unterschrift
20.8.00 helga Hayes

*) Bei Kombinationsaufträgen ist die zweite Zeile für die Kontraktbezeichnung der 2. Komponente zu benutzen

Annahme telefonisch bzw.			Wertgabe		R	GZ
FS ☐ brieflich	Datum	Uhrzeit	Datum	Uhrzeit		

verlangen. Die Höhe orientiert sich am aktuellen Aktienkurs, am Basispreis, an der Laufzeit und der allgemeinen
Börsenstimmung. Spekulanten mit spitzem Bleistift ermitteln vor ihrer Order die Relation von Optionspreis zu
Aktienkurs. Faustregel: Nicht mehr als acht Prozent be-
willigen.

Kleingedrucktes

Am Optionsgeschäft kann teilnehmen, wer die schwierige
Materie des Optionshandels versteht und dies seiner Bank
mit seiner Unterschrift auf einem speziellen Formular
dokumentiert.

Die beste Information über viele im Optionsgeschäft
wichtige Kriterien bietet die *Börsen-Zeitung*. Das 6,50
Mark teure Fachorgan wird sich freilich nicht jeder leisten
wollen. Sehr übersichtlich sortiert auch das *Handelsblatt*
den täglichen Zahlensalat der DTB. Wer einmal in Optionen eingestiegen ist, sollte sich mindestens diese Lektüre
regelmäßig gönnen.

Hürden für Laien bilden freilich nicht nur Defizite im
Know-how, sondern auch die Banken mit ihren umständ-
lichen Zugangsregeln. Während die heimischen Geldhäuser zum Teil in großformatigen Anzeigen großspurig ihre
DTB-Dienste anpreisen (Beispiel: »Wir eröffnen Ihnen
die Deutsche Terminbörse«, so die Berliner Bank), blocken
sie intern mit Bürokratismus. So fordert etwa die Commerzbank für DTB-Geschäfte ein Mindesteinkommen
von 75 000 Mark jährlich. Dazu muß der Kunde auch noch
seine Vermögensverhältnisse offenlegen.

Akzeptabel wirken dagegen die Gebühren. So kassiert die
Commerzbank pro Option (über 50 Aktien) 25 Mark fixe
Spesen. Die 7 Mark der DTB summieren die Vorabbela-

stung auf 32 Mark. Je nach Höhe des Optionspreises schwankt der Bank-Obolus um etwa drei Prozent. Bei optisch billigen Optionen kann die Zwangsabgabe freilich auch zweistellige Dimensionen annehmen.

Beispiel: Commerzbank-Calls mit dem Basispreis 340 Mark verfielen einst auf fünfzig Pfennige. Wer da noch einen Deal wagt, zahlt über hundert Prozent Spesen. Die geordete Option muß dann schon kräftig ausbrechen, um netto noch eine Gutschrift auf dem Konto auszulösen.

Fazit: Spekulanten mit spitzem Bleistift vergessen in ihrer Kalkulation nie die Gebührenbelastung.

So funktioniert die Deutsche Terminbörse

Zunächst zwei Dinge vorweg. Erstens: Die neue Deutsche Terminbörse (DTB) handelt keine Terminkontrakte auf Schweinebäuche oder Orangensaft, sondern vorerst nur reine Kauf- und Verkaufsoptionen auf 14 deutsche Standardaktien. Optionsbörse wäre mithin der treffendere Name. Zweitens: Optionen gibt es in Deutschland schon lange.

Von Grund auf neu ist jedoch die Technik der DTB. Sie präsentiert sich als Computerbörse mit vollautomatisiertem Handelssystem. Sogenannte Market-Maker (eingedeutscht Markt-Macher) verpflichten sich, auf Anfrage verbindliche Kurse zu stellen. Sie gewährleisten damit, daß die Teilnehmer am Optionshandel zu verbindlichen Preisen kaufen und verkaufen können.

Exakt diese Möglichkeiten bot die alte Frankfurter Optionsbörse nicht. Dort lag der Handel oft darnieder, weil sich potentielle Optionskäufer und ihre Kontrahenten (Stillhalter genannt) zu selten trafen. Aus diesem Dilemma heraus entstand die DTB.

Die funktionstüchtigere DTB stärkte sofort das Vertrauen in den Handel mit Optionen. Computer und Bildschirme sichern seit Februar 1990 die Transparenz der Preise, Umsätze oder Angebots- und Nachfrage-Volumina.

In der vordersten Reihe sitzen hochmotivierte Bankangestellte. Sie arbeiten an Bildschirmen und geben Aufträge sowie Kursvorstellungen direkt in das EDV-System der DTB. Dort treffen Optionskäufer und Optionsverkäufer automatisch aufeinander. Der Privatanleger kann über seine Hausbank am hektischen Treiben partizipieren. Alle Kundenaufträge wandern vom Anlageberater zum Options-Handelsraum der jeweiligen Hausbank.

An die dort herrschende Terminologie werden sich die Akteure an der neuen DTB gewöhnen müssen. Da Chicago in Amerika liegt, sprechen Profis auch in »Mainhattan« nur von Call, Put und Settlement. Hinter dem englischen Fachchinesisch verbergen sich Kauf- und Verkaufsoptionen sowie ein von der DTB offiziell börsentäglich ermittelter Ausgleichspreis. Er richtet sich nach den Optionspreisen während der letzten Handelsstunde. Die DTB braucht den Kurs für die Feststellung ihrer Einschußforderung gegenüber ihren Mitgliedsbanken (Einschuß = Geldbetrag, der als Mindestsumme seitens des Auftraggebers einzuschießen ist).

Noch fach-chinesischer geriet das Treiben an der DTB im Herbst 1990. Seither handeln die DTB-Makler auch Financial Futures – nämlich auf eine langfristige Bundesanleihe und auf den Deutschen Aktienindex. Vorerst sollten Sie ausschließlich die Profis mit den Bund-Futures und dem DAX-Future üben lassen. Denn die Verlust-Risiken sind hier markant höher als bei den DTB-Optionen.

Anlage-Strategie für die 90er Jahre

So machen Sie es richtig

Gunter Sachs werden Sie sicherlich kennen. Seine fulminante Botschaft, wenn's ums Geld geht: »Man verwende ein Drittel in Aktien, ein Drittel in Obligationen und ein Drittel in Grundbesitz, und dies, wenn möglich, international gestreut.« Der weltläufige Mann weiß, wovon er spricht. Allein aus dem Verkauf seiner goldgeränderten Fichtel & Sachs-Beteiligung soll er mehr als 400 Millionen Mark eingestrichen haben.

So präzise wie simpel können indes nur wenige Geldanleger ihre Vermögensstrategie ausrichten. Tatsächlich erweist sich die Aufgabe, aus den verschiedenen Anlage-Alternativen die optimale Mischung zu finden, als äußerst schwierig. Da gilt es, zunächst die eigenen Bedürfnisse und die vorhandene Risikobereitschaft abzuwägen. Die aktuelle Vermögenslage muß analysiert werden, ebenso die im Entscheidungszeitpunkt gebotenen Anlageformen und ihre Konditionen.

Vermeiden Sie auf jeden Fall Extrempositionen. Wie: Nur Festverzinsliche im Depot zu halten, ist vermögensvernichtend. Oder: Die Weltbörsen werden immer mehr zu undurchschaubaren Spielhöllen verwegener Spekulanten. Bedenken Sie: 100 Mark, Anfang 1978 angelegt in deutschen Aktien, wuchsen bis November 1989 auf rund 351 Mark an. Noch weit mehr machten mutige Anleger bei internationaler Streuung aus ihren 100 Mark: Im November des vergangenen Jahres zählten sie im Idealfall 738 Mark. Das angesehene Bankhaus Schröder Münchmeyer Hengst & Co (SMH) trommelt auch bei Zinspapieren für das globale Geldmanagement. 100 Mark 1978 am heimischen Rentenmarkt investiert, mauserten sich bis Ende November 1989 zu rund 210 Mark vor Steuern. Bei gleichmäßiger Verteilung der Anlagemittel auf weitere acht Zinsmärkte von Australien und Japan bis zu den USA waren im genannten Zwölfjahreszeitraum stattliche 251 Mark möglich. So jedenfalls die Statistik der SMH-Bank.

Diese geldwerte Erkenntnis setzt der Chemie-Konzern Henkel spektakulär in die Tat um. Ihren Mitarbeitern und Pensionären offerieren die Düsseldorfer eigens einen international ausgerichteten Rentenfonds zur privaten Vermögensbildung. Dieses zusätzliche Bein der Altersversorgung wäre sicher nicht kreiert worden, wenn die Risiken für die sicherheitsbewußte Belegschaft zu hoch lägen.

Um eine weitere verblüffende Variante verfeinert die SMH-Bank ihren Anlagevorschlag: »Es ist empfehlenswert, gerade unter dem Gesichtspunkt der Risikostreuung (!), zu einem deutschen Rentenbestand einen kleinen Anteil ausländischer Aktien hinzuzunehmen.« Eingefleischte Jung-Aktionäre werden dem widersprechen. Denn die achtziger Jahre waren das Jahrzehnt der Aktie. Mutige Anleger, die beachtliche Risiken nicht scheuten, nicht zu spät am Aktienmarkt einstiegen und auch in zwischenzeitlichen Stimmungstiefs eisern an ihren Papieren festhielten, konnten ihren Einsatz gut vervierfachen. Sie schnitten besser ab als Sicherheitsbewußte, die ihr Vermögen auf verschiedene Anlagen streuten, um die Risiken zu minimieren.

Dennoch, solche einseitig agierenden Zeitgenossen bleiben in der Welt des großen Geldes eher die Ausnahme, denn mit der Alles-oder-Nichts-Strategie werden zwar Vermögen gewonnen, doch meist auch zügig wieder verloren. Wahre Profis hingegen mühen sich, die Risiken zu mindern. Sie haben ihre Lektion aus den Börsencrashs im Herbst 1987 und im Sommer 1990 gelernt, als dicke Aktiengewinne in wenigen Stunden dahinschwanden. Fast jede Analystengruppe versorgt daher hochkarätige Kunden heute nicht nur mit Einzeltips, sondern auch mit Ratschlägen, wieviel Prozent jeweils in Aktien, Anleihen oder Immobilien investiert oder aber auf Konten vorübergehend geparkt werden sollten.

Bei Privatanlegern kommt diese Mischung meist eher zufällig zustande – über die Jahre sammelt sich auf Konten und Depots alles mögliche an, werden Immobilien gekauft, sollen Beteiligungen Steuern sparen oder Goldmünzen gegen Wechselfälle des Finanzlebens sichern.

In diese oft unausgewogene Mixtur sollte Ordnung gebracht werden. Wir nennen Ihnen im folgenden die richtige Mischung. Selbstverständlich ist das allgemeingültig nur bis zu einem gewissen Grad möglich und kann auch nur für heute gelten. Ihre ganz persönlichen Vermögensverhältnisse und Wünsche müssen Sie selbst einbringen. Zudem steht so eine »gemischte« Empfehlung an den hektisch schwankenden Weltbörsen nicht für die Ewigkeit – wie der Aktienkrach 1987 anschaulich demonstrierte: War es vorher richtig, den Aktienanteil am Vermögen Schritt für Schritt zu senken, je höher die Kurse kletterten, hätte sich nach dem Rutsch um 40 Prozent ein Schwerpunkt bei Aktien in der Folgezeit glänzend ausgezahlt.

Denn anschließend haben sich die Kurse guter Papiere seit den Tiefstständen Anfang 1988 verdoppelt oder verdreifacht. Erst die Kuwait-Invasion machte die Aktien wieder billiger. Die Zinsen hingegen liegen deutlich höher als vor zwei Jahren und verlocken zum Kauf von Qualitätsanleihen. Auch mit Immobilien wird gut verdient.

Der Ist-Zustand in den Depots ist freilich noch verheerend. Jeder Bundesbürger besitzt im Durchschnitt 45 000 Mark – so die Bilanz vor der Wiedervereinigung. Davon parkt zu Mini-Zinsen fast ein Viertel auf Sparbüchern; Sparbriefe und Festgelder sind mit weiteren knapp zwölf Prozent dotiert. Inklusive der fast acht Prozent Bargeld und Sichteinlagen schlummern mithin 40 Prozent auf nicht optimal verzinsten Konten. Daher zum Schluß unser renditesteigernder Mischungs-Vorschlag für die 90er Jahre:

Aktien	25 Prozent
Anleihen	45 Prozent
Immobilien[1]	15 Prozent
Termineinlage (Reserve)	10 Prozent
Spekulationen[2]	5 Prozent

1 Ohne das selbstgenutzte Eigenheim; je nach Vermögens-Verhältnissen offene oder geschlossene Immobilienfonds sowie Mietshäuser.
2 Optionsscheine oder DTB-Produkte.

Adressen

Nur regelmäßige Informationen mehren Ihre Spargroschen. Wenn Sie mehr aus Ihrem Geld machen wollen, sollten Sie deshalb etwa *Capital* oder die *Capital Depesche* konsultieren. Und natürlich halten Sie Kontakt zu Ihrem Anlageberater in der Hausbank um die Ecke.

Ausgebuffte Geldanleger geben sich indessen mit dem guten Draht zur Hausbank längst nicht zufrieden. Denn klar ist: Ihre Hausbank kommt Ihnen in allen Fragen der Geldanlage zwar gerne entgegen, aber faire Beratung dürfen Sie in den meisten Fällen kaum erwarten. Die Sparkassen etwa werden Ihnen mit Sicherheit nicht raten, Sparbriefe der Deutschen Bank zu kaufen.

Sie müssen sich also schon die Mühe machen, die verschiedenen Angebote des Geldgewerbes intensiv zu beobachten. Unsere Adressen für Geldanleger sollen Ihnen dabei helfen. Sie enthalten eine Auswahl jener Banken, die immer einen Tick bessere Festgeldsätze zahlen als das Gros der Geldhäuser. Alle ausgesuchten Banken gehören dem Feuerwehrfonds an. Und wenn Sie wissen wollen, ob Ihre Bank dem Fonds angeschlossen ist, bitteschön: Rufen Sie an beim *Bundesverband deutscher Banken* in Köln. Unsere Adressen-Liste zählt darüber hinaus alle deutschen Investmentgesellschaften auf. Schließlich bemühten wir uns, wichtige Organisationen zusammenzustellen, an die Sie sich in Zweifelsfragen wenden können.

Allgemeine Anlaufstellen

Deutsche Bundesbank
Postfach 100602
6000 Frankfurt 1
Tel.: 069/158-1

Bundesverband
deutscher Banken eV
Postfach 100246
5000 Köln 1
Tel.: 0221/1663-0

Deutscher Sparkassen- und
Giroverband eV
Postfach 1429
5300 Bonn 1
Tel.: 0228/204-1

Bundesverband der
Deutschen Volksbanken und
Raiffeisenbanken (BVR)
Postfach 120440
5300 Bonn 1
Tel.: 0228/509-0

BVI Bundesverband Deutscher
Investment-Gesellschaften eV
Eschenheimer Anlage 28
6000 Frankfurt 1
Tel.: 069/154090-0

Deutsche Terminbörse (DTB)
Grüneburgweg 102
6000 Frankfurt 1
Tel.: 069/15303-243

Bundesaufsichtsamt für das
Kreditwesen
Reichpietschufer 74-76
1000 Berlin 30
Tel.: 030/25004-0

Bundesaufsichtsamt für das
Versicherungswesen
Ludwigkirchplatz 3-4
1000 Berlin 15
Tel.: 030/8893-0

Arbeitskreis Aktie eV.
Berliner Allee 4
4000 Düsseldorf
Tel.: 0211/353069

Informationsdienst für
Bundeswertpapiere
Postfach 700562
6000 Frankfurt 70
Tel.: 069/632001

Deutsche Vereinigung für
Finanzanalyse und
Anlageberatung eV
Postfach 4006
6100 Darmstadt
Tel.: 06151/380-1

Kapitalanlage-Informations-
zentrum GmbH
Karl-Hermann-Flach-Straße 15
6370 Oberursel 1
Tel.: 06171/56066

Deutsche Schutzvereinigung für
Wertpapierbesitz eV
Postfach 140360
4000 Düsseldorf
Tel.: 0211/669702

Banken

Anker-Bank	Koblenz	0261/33077
Aachener Bausparkasse	Aachen	0241/436-0
Augsburger Aktienbank	Augsburg	0821/5015-0
CTB-Bank	Essen	0201/81180
DSK-Bank	Düsseldorf	0211/89881
Bankhaus Fischer	Hamburg	040/339550
KKB Bank	Düsseldorf	0211/89840
Kreiss	Hamburg	040/3080000
Löbbecke & Co.	Berlin	030/3110010
Noris Bank	Nürnberg	0911/41600
Pacific Bank	Offenbach	069/80580
Summa	Düsseldorf	0211/384130
Service-Bank	Köln	0221/771080
Volksbank Essen	Essen	0201/81130
Wölbern	Hamburg	040/376080
Wüstenrot Bausparkasse	Ludwigsburg	07141/161

Investment-Gesellschaft

ADIG-Investment ADIG Allgemeine Deutsche Investment-Gesellschaft mbH	Von-der-Tann-Straße 11 8000 München 22 Tel.: 089/2396-0
	Mainzer Landstraße 5 6000 Frankfurt 1 Tel.: 069/256005-0
A. G. I. A. G. I. Allgemeine Grundbesitz- Investment-Gesellschaft mbH	Abraham-Lincoln-Straße 11 6200 Wiesbaden Tel.: 06121/7105-0
ALLFONDS ALLFONDS Gesellschaft für Investmentanlagen mbH	Sendlinger Straße 29 8000 München 2 Tel.: 089/231714-0
ALLIANZ Allianz Kapitalanlage- gesellschaft mbH	Reinsburgstraße 19 7000 Stuttgart 1 Tel.: 0711/663-2637/2640
	Königinstraße 28 8000 München 44 Tel.: 089/3800-1

AL-TRUST
ALTE LEIPZIGER TRUST
Investment-Gesellschaft mbH

Alte Leipziger-Platz 1
6370 Oberursel 1
Tel.: 06171/20067

BB-INVEST
BB-INVESTMENT GmbH

Kurfürstendamm 201
1000 Berlin 15
Tel.: 030/880000-0

BfG: IMMO-INVEST
BfG: Immobilien-Investment
Gesellschaft mbH

Theaterplatz 2
6000 Frankfurt 1
Tel.: 069/2585590

BfG: INVEST
BfG-Investment-Fonds
Gesellschaft mbH

Neue Mainzer Straße 18
6000 Frankfurt 1
Tel.: 069/2586964

BKG
Bayerische Kapitalanlage-
gesellschaft mbH (BKG)

Albrechtstraße 14
8000 München 19
Tel.: 089/12687-0

DEGI
DEGI Deutsche Gesellschaft
für Immobilienfonds mbH

Marienstraße 17
6000 Frankfurt 1
Tel.: 069/2689-1

DEKA
Deka Deutsche
Kapitalanlagegesellschaft mbH

Mainzer Landstraße 37
6000 Frankfurt 11
Tel.: 069/2546-0

DESPA
Despa Deutsche Sparkassen-
Immobilien-Anlage-Gesellschaft mbH

Mainzer Landstraße 37
6000 Frankfurt 11
Tel.: 069/2546-0

DEVIF
DEVIF Deutsche Gesellschaft
für Investment-Fonds GmbH

Wiesenhüttenstraße 11
6000 Frankfurt 1
Tel.: 069/256180

DGI
Deutsche Grundbesitz-Investment-
gesellschaft mbH

Mainzer Landstraße 10–12
6000 Frankfurt 1
Tel.: 069/71707-0

DIFA
DEUTSCHE IMMOBILIEN
FONDS AKTIENGESELLSCHAFT

Valentinskamp 20
2000 Hamburg 36
Tel.: 040/34919-0

DIT
Deutscher Investment-Trust
Gesellschaft für
Wertpapieranlagen mbH

Mainzer Landstraße 11–13
6000 Frankfurt 1
Tel.: 069/2644-0

DVG
Deutsche
Vermögensbildungsgesellschaft mbH

Friedrichstraße 15
6000 Frankfurt
Tel.: 069/720921

DWS Deutsche Gesellschaft
für Wertpapiersparen mbH

Grüneburgweg 113–115
6000 Frankfurt 1
Tel.: 069/71909-0

ELFO
EQUITY & LAW
FONDSMANAGEMENT
Gesellschaft für Kapitalanlagen mbH

Hans-Bredow-Straße 1
6200 Wiesbaden
Tel.: 06121/795-1

EUROINVEST
E. I. EUROINVEST
Kapitalanlagegesellschaft mbH

Bleichstraße 60–62
6000 Frankfurt 1
Tel.: 069/29807-250

FRANKFURT-TRUST
Investment-Gesellschaft mbH

Friedrichstraße 52
6000 Frankfurt 17
Tel.: 069/7185555

GERLING INVESTMENT
Kapitalanlagegesellschaft mbH

Gereonshof 17
5000 Köln 1
Tel.: 0221/1340-41

HANSAINVEST
Hanseatische Investment-
Gesellschaft mbH

Schauenburgerstraße 35
2000 Hamburg 1
Tel.: 040/302009-0

iii-AG
Internationales
Immobilien-Institut AG

Leopoldstraße 28a
8000 München 40
Tel.: 089/3808-0

INKA
Internationale
Kapitalanlagegesellschaft mbH

Königsallee 19
4000 Düsseldorf 1
Tel.: 0211/329464

KI
KI KAPITAL-INVEST
Kapitalanlagegesellschaft mbH

Mainzer Landstraße 11–13
6000 Frankfurt 1
Tel.: 069/253076

MAT
MAT MAIN ANLAGE TRUST
Kapitalanlagegesellschaft mbH

Im Trutz 55
6000 Frankfurt 1
Tel.: 069/153093-02

MK
Münchner Kapitalanlage
Aktiengesellschaft

Beethovenplatz 4
8000 München 2
Tel.: 089/51492-0

MMWI M. M. WARBURG INVEST KAPITAL- ANLAGEGESELLSCHAFT MBH	Liebigstraße 6 6000 Frankfurt 1 Tel.: 069/720844
	Ferdinandstraße 75 2000 Hamburg 1 Tel.: 040/321174
NORDINVEST Norddeutsche Investment- Gesellschaft mbH	Alter Wall 22 2000 Hamburg 11 Tel.: 040/36/58/36
OPPENHEIM Kapitalanlage- gesellschaft mbH	Unter Sachsenhausen 2 5000 Köln 1 Tel.: 0221/145-03
RHEINISCHE KAG RHEINISCHE KAPITAL- ANLAGEGESELLSCHAFT mbH	Unter Sachsenhausen 2 5000 Köln 1 Tel.: 0221/145-04
RWG Rheinisch-Westfälische Grundstücks-Investment GmbH	Neusser Straße 111 4000 Düsseldorf 1 Tel.: 0211/826-04
SMH Schröder Münchmeyer Hengst Investment GmbH	Friedensstraße 6–10 6000 Frankfurt 1 Tel.: 069/2179-230
SKA INVESTMENT SCHWEIZERISCHE KREDIT- ANSTALT INVESTMENT GmbH	Grüneburgweg 102 6000 Frankfurt 1 Tel.: 069/2691-2000
UNION Union-Investment-Gesellschaft mbH	Mainzer Landstraße 47 6000 Frankfurt 1 Tel.: 069/2567-0
UNIVERSAL Universal-Investment- Gesellschaft mbH	Lindenstraße 1 6000 Frankfurt 1 Tel.: 069/756191-0
WESTKA WestKA Westdeutsche Kapitalanlagegesellschaft mbH	Elisabethstraße 44–46 4000 Düsseldorf 1 Tel.: 0211/826-07
ZÜRICH INVEST Zürich Investmentgesellschaft mbH	Zürich-Haus am Opernplatz 6000 Frankfurt 1 Tel.: 069/7115290-0

Register